Wolfgang von Erffa

Das unbeugsame Tibet

Wolfgang von Erffa

Das unbeugsame Tibet

Tradition · Religion · Politik

EDITION INTERFROM

CIP-Titelaufnahme der Deutschen Bibliothek

Erffa, Wolfgang von:
Das unbeugsame Tibet : Tradition, Religion, Politik /
Wolfgang von Erffa. –
Zürich: Edition Interfrom; Osnabrück: Fromm, 1992.
(Texte + Thesen; Bd. 245)
ISBN 3-7201-5245-6
NE: GT

Vertrieb für die Bundesrepublik Deutschland:
VERLAG A. FROMM, Osnabrück
Gestaltung: Sylve Titgemeyer, Osnabrück
Unter Verwendung des Fotos „Rad des Dharma auf dem Dach
des Klosters Drepung/Tibet"
Gesamtherstellung: Druck- und Verlagshaus Fromm, Osnabrück

Inhalt

Im Bann des unbeugsamen Tibet

Als nach dem Aufstand der Tibeter gegen die Chinesen 1959 der Dalai Lama von Lhasa nach Indien flüchten mußte, war ich ein Schulbub. Statt im Unterricht aufzupassen, begann ich, von Tibet zu träumen. Ich studierte recht genaue Landkarten Tibets in einem Atlas aus dem Jahr 1899, in dem zwei Generationen zuvor bereits jemand mit dem Bleistift eine Reiseroute nach Tibet eingezeichnet hatte. Ich las alles über Tibet, was ich in die Hände bekam, und vertiefte mich in das Lebenswerk der großen Tibetforscher, der Brüder Schlagintweit und Sven Hedins, sowie in die Schilderungen Heinrich Harrers. Ich empfand nur eine unbestimmte Hoffnung, aber ihrem Weg wollte ich folgen. Tibet schlug mich in seinen Bann.

Jahre später blieb ein – für sich gesehen unbedeutendes – Ereignis in meiner Erinnerung haften: Ich besuchte 1973 in Prag die Oper. Es wurde Verdis Nabucco gespielt. Nach dem Freiheitschor wollte der tosende Beifall nicht aufhören; elf Minuten lang wurde geklatscht. Dies war fünf Jahre nach der Niederschlagung des Prager Frühlings mit russischen Panzern wohl die einzige Möglichkeit der politischen Meinungsäußerung. Die Agenten des KGB gingen entweder nicht in die Oper oder sie verstanden kein Italienisch.

Melodie und Applaus hatten einen langen Nachhall. Die Freiheitssehnsucht unterdrückter Völker sollte mich noch lange beschäftigen.

1983, genau zehn Jahre später, begegnete ich zum ersten Mal dem Dalai Lama. Es war in Singapur. Ich beobachtete seine große Ausstrahlungskraft auf die Menschen, auf Tausende von Zuhörern bei seinen öffentlichen Reden. Die tiefe Sympathie, die ihm entgegenschlug und bis heute entgegenschlägt, mag Resonanz auf die würdevolle Majestät seines Auftretens als Gottkönig Tibets sein, ganz besonders aber auf seine große Herzlichkeit als einfacher Mönch mit der besonderen Berufung zur Barmherzigkeit. Nach der ersten persönlichen Begegnung wurde mir bewußt, daß der Dalai Lama auch einer der großen Mystiker unserer Zeit ist. Erst später traf ich eine andere große Mystikerin, deren Lebenswerk überall besondere Anerkennung gefunden hat, Mutter Teresa. Von ihr geht wie vom Dalai Lama eine große Ausstrahlungskraft aus, die sich den Menschen mitteilt, ja ihre Herzen im Mitgefühl brennen läßt.

Zur Zeit meiner ersten Begegnung mit dem Dalai Lama arbeitete ich für eine deutsche politische Stiftung in Asien. Mich interessierte besonders der Einfluß des religiösen Fundamentalismus auf die Politik. Der Triumph des katholischen Glaubens in Polen über den Marxismus-Leninismus und seine Rolle für die Bewahrung der nationalen Identität gegen die Bevormundung durch die Sowjetunion schien mir beispielhaft zu sein.

Ich ging der Frage nach, ob sich auch auf der Glaubenskraft des Buddhismus ein religiöser Fundamentalismus mit politischer Dynamik gründen läßt. Ich bemühte mich Konzepte zu entwickeln, die sich dann in Projekten für die Renaissance des Buddhismus und das Erstarken der nationalen Identität in den Lagern der kambodschanischen Flüchtlinge und Vertriebenen an der kambodschanisch-thailändischen Grenze umsetzen ließen.

Ich beobachtete die Rolle des islamischen Fundamentalismus im Kampf gegen die sowjetische Besetzung Afghanistans und arbeitete von Peshawar am Fuß des legendären Khyber-Passes aus mit afghanischen Muslimen und Freiheitskämpfern zusammen, die als Intellektuelle den „heiligen Krieg“ mit der Feder führten.

Zur gleichen Zeit begann ich, mich intensiver mit Tibet zu beschäftigen. Es folgten verschiedene Treffen mit dem Dalai Lama in Dharamsala in Indien.
Dann entschied ich, für eine Weile freiberuflich als Publizist und Journalist tätig zu sein. Endlich hatte ich Zeit, mich ganz auf die Fragen, die mich fesselten, zu konzentrieren. Ich schrieb Bücher über Politik und Religion in Asien, über den Freiheitskampf in Kambodscha, über China und Afghanistan.
Mehr und mehr aber konzentrierte ich mich auf Tibet. Ich war gefesselt von der Einzigartigkeit der jahrhundertealten Hochkultur des Landes auf dem Dach der Welt, die mehr als ein Vierteljahrhundert lang allen Versuchen der Zerstörung nach der chinesischen Invasion widerstanden hat. Ich besuchte Tibet und die Länder und Gebiete, in denen die Buddhisten den Dalai Lama als ihr religiöses Oberhaupt verehren, Ladakh, Nepal, die Äußere Mongolei, Sibirien. Ich reiste durch China, Vietnam und Südkorea, wo der Mahayana-Buddhismus eine Rolle spielt.
Als 1989 die Demokratiebewegung Chinas auf dem Platz des Himmlischen Friedens in Peking zusammengeschossen wurde, aber nur wenige Monate später die marxistisch-leninistischen Diktaturen in Osteuropa eine nach der anderen zusammenbrachen, bemühte ich mich, diesen Triumph des gewaltlosen Kampfes für die Freiheit zu ergründen.
Die chinesischen Besatzungstruppen und die chinesische Kolonialpolitik hatten nicht die Macht, den Geist der Freiheit in Tibet zu bezwingen, es gelang ihnen nicht, Religion und Kultur völlig zu zerstören.
Dieses Buch versucht, die Hintergründe dieser dramatischen Ereignisse darzustellen und Perspektiven für die Zukunft zu umreißen. Es gibt Zeugnis vom unbeugsamen Tibet, dem unbezwingbaren Freiheitswillen der

Tibeter und der Strahlkraft und Stärke ihrer Religion und Kultur, die im Begriff ist, über den Kommunismus zu triumphieren und die in Zukunft auch in China erneut Einfluß gewinnen könnte.

Mein Dank gilt allen Tibetern und Freunden Tibets, die mit viel Geduld auf meine Fragen antworteten und mich berieten, ganz besonders Tsewang Norbu, dem Vorsitzenden der Deutsch-Tibetischen Kulturgesellschaft, der das Manuskript kritisch geprüft hat. Sehr herzlich danke ich auch Marie-Luise Broch, Genf, und Jane Perkins, Dharamsala, für die vielen Anregungen und die umfassende Information, die ich seit Jahren von ihnen über Tibet erhielt.

Hinweis für den Leser:

Bei der Übertragung von Zitaten aus Gesprächen mit dem Dalai Lama und mit Tibetern wurde versucht, den spezifischen, in der Gedankenwelt des tibetischen Buddhismus verwurzelten Sprachduktus zu erhalten.

Triumph der Barmherzigkeit

„Wenn der Metallvogel fliegt und die Pferde auf Rädern dahinrollen, werden die Tibeter über die Welt verstreut sein, und die Lehre Buddhas kommt in die fernsten Länder."
Prophezeiung des indischen Mönchs Padmasambhava (8. Jh.)

Siegreich in alle Richtungen

Bei einem Besuch in seiner Exil-Residenz im indischen Dharamsala schenkte mir der 14. Dalai Lama eine tibetische Münze, geprägt zu Anfang dieses Jahrhunderts. „Als Souvenir", wie er mit herzlichem Lachen sagte. Auf der einen Seite des Geldstücks prangt in vollendeter Form eine Lotosblüte, auf der anderen Seite steht in kunstvoll geschwungenen tibetischen Buchstaben „Siegreich in alle Richtungen".

Die Bedeutung dieser Inschrift stimmte mich nachdenklich: Gegen die Übermacht der Chinesen, die 1949 einen Teil Tibets und 1959 ganz Tibet besetzt und durch grausame Unterdrückung dem chinesischen Staatsverband einverleibt hatten, war Tibet, war die Exilregierung des Dalai Lama alles andere als siegreich geblieben. Die Chinesen haben versucht, das schöne Land auf dem Dach der Welt zu demütigen, seine einzigartige Kultur zu vernichten und seine Religion durch die Ideologie des Marxismus-Leninismus, vermischt mit dem Gedankengut Mao Tse-tungs, zu ersetzen. Dies kostete rund 1,2 Millionen Menschen das Leben, etwa einem Fünftel der gesamten Bevölkerung Tibets. Gegenüber der ungeheuren militärischen Macht des Reiches der Mitte ist es den Tibetern unmöglich gewesen, ihre Freiheit zu behaupten.

Mit der Verleihung des Friedensnobelpreises an den Dalai Lama im Dezember 1989 wurde die Aufmerksamkeit der Weltöffentlichkeit mit einem Mal auf den Gottkönig Tibets und auf das Schicksal seines Landes gelenkt. Und mit einem Mal wurde die unglaubliche spirituelle Kraft der Religion der Tibeter, des Mahayana-Buddhismus, deutlich: Hatte er doch aller Unterdrückung zum Trotz in Tibet triumphiert und dem Anspruch der marxistisch-leninistischen Ideologie eine empfindliche Niederlage beigebracht. Auf das Selbstbewußtsein der greisen Herrscher in Peking, das seit der blutig unterdrückten Demokratiebewegung vom Juni 1989 deutlich angeschlagen sein muß, konnte das Scheitern der „raison d'être" des ideologischen Anspruchs der Volksrepublik China nicht ohne Auswirkung bleiben. Die kommunistische Ideologie hat ihre Kraft verloren, mit der sie 40 Jahre zuvor, bei der Gründung der Volksrepublik China, angetreten war, um die „Welt der Finsternis" in eine „Welt des Lichts" umzuwandeln. Die stolzen Worte Mao Tse-tungs bei der Proklamation der Gründung der Volksrepublik – „China erhebt sich" – scheinen durch die Revolution von 1989 unwirklich und unendlich fern zu sein. Nicht Befreiung, sondern beispiellose Unterdrückung hat die marxistisch-leninistische Ideologie China und Tibet gebracht.

Der Buddhismus, der, so Mao Tse-tung zum Dalai Lama, Gift sei für das Volk und der bereits Tibet und die Äußere Mongolei vergiftet habe, hat in Tibet triumphiert. In anderen traditionell buddhistischen Regionen Zentralasiens, wie etwa der Äußeren Mongolei, ist der Buddhismus stark geblieben, in weit entfernten Ländern, in Europa und Amerika ist das Interesse an der tibetischen Schule des Buddhismus gewachsen. Padmasambhava, der indische Mönch, der im 8. Jahrhundert die tantrische Form des Buddhismus in Tibet eingeführt hatte, prophezeite: „Wenn der Metallvogel fliegt und die Pferde auf Rädern dahinrollen, werden die Tibeter wie Ameisen über die Welt verstreut sein, und die Lehre des Buddha kommt in die fernsten Länder."

Heute gibt es außerhalb Tibets über 500 tibetische buddhistische Zentren, viele davon in Europa und Nordamerika.

Die materiellen Strukturen der tibetischen buddhistischen Religion und Kultur wurden weitgehend zerstört, nicht jedoch ihre Ideen und Überzeugungen, die durch eben diese Zerstörung nur gestärkt wurden.
Die Devise „Siegreich in alle Richtungen" der Münze des Dalai Lamas scheint vor diesem Hintergrund eine tiefere Bedeutung für unsere Zeit zu bekommen.

Allgegenwart Chenresis, der Gottheit der Barmherzigkeit

Nicht nur in China, Taiwan und Singapur, sondern auch in Japan, Korea und Vietnam sowie bei den ethnischen Chinesen Thailands und Malaysias sind in den Tempeln des Mahayana-Buddhismus und in fast allen Geschäften, die chinesischen Händlern gehören, Statuen Chenresis, der Gottheit der Barmherzigkeit, zu sehen. Ihr chinesischer Name ist Kuan-yin, der Name auf sanskrit Avalokiteshvara. Der Dalai Lama gilt wie die anderen 13 Dalai Lamas vor ihm als die Reinkarnation dieser Gottheit der Barmherzigkeit. Das grenzenlose Mitleid wird in einigen Statuen durch die Darstellung einer Vielzahl von Armen verbildlicht, die Chenresi braucht, um den Bedürftigen Wohltaten gewähren zu können.
Der Mahayana-Buddhismus war einst die wichtigste Religion in China. Es spricht wenig dagegen, daß in nicht zu ferner Zukunft die Gottheit der Barmherzigkeit wieder in China triumphieren, daß das auf der tibetischen Münze abgebildete Symbol der Lotosblüte auch unter Hunderten von Millionen der rund 1,1 Milliarden Einwohner der Volksrepublik China wieder seine besondere Bedeutung zurückgewinnen könnte.
Die Kaiser der mandschurischen Qing-Dynastie, die bis 1911 im Reich der Mitte regierten, galten als Reinkarna-

tion Manjushris, des Bodhisattva der Weisheit. Manjushri wird dargestellt mit einem flammenden Schwert in der rechten Hand, das durch die Unwissenheit schneidet, in der Linken hält er den Stengel einer Lotosblüte mit einer Vollendung der Weisheit-Schrift.
Die Herrscher der früheren mongolischen Dynastie, die Erben Chingis Khans, galten als Reinkarnationen Vajrapanis, des Bodhisattvas der Energie und Macht. Vajrapani wird auf einer Sonnenscheibe stehend dargestellt, mit einer Vajra, einem rituellen Donnerkeil, in der Rechten.
Oft erscheinen Avalokiteshvara, Vajrapani und Manjushri, die Gottheiten, als deren Reinkarnationen die weltlichen Herrscher Tibets, der Mongolei und Chinas galten – und was Tibet betrifft immer noch gelten –, in der Ikonographie gemeinsam in Dreiheit. Sie symbolisieren Mitleid, Macht und Weisheit. Avalokiteshvara, die Gottheit des grenzenlosen Mitleids, gilt als die bedeutendste dieser Reinkarnationen. Dies erklärt die besondere Rolle des Dalai Lama in Tibet, der Mongolei und China in Vergangenheit und Gegenwart.

Dalai Lamas als spirituelle Berater der chinesischen Kaiser

Faszinierend ist ein Blick auf die historische Dimension der Beziehungen zwischen Dalai Lamas und chinesischen Kaisern. Diese besondere Verbindung ist den Beziehungen zwischen den Päpsten und den Kaisern des Hl. Römischen Reiches Deutscher Nation nicht unähnlich. Der Ursprung dieser besonderen Verbindung liegt Jahrhunderte zurück: Der Enkel Chinghis Khans, Kublai Khan, erster Kaiser der mongolischen Yuan-Dynastie, war von der Persönlichkeit eines hohen tibetischen Lama, Phagpa, so beeindruckt, daß er ihn zu seinem spirituellen und religiösen Berater machte. Phagpa war als 10jähriger Novize mit Sakya Pandita, dem Abt des Sakya-Klosters im südlichen Zentraltibet, in das Hoflager Prinz Godans in die Gegend von Kokonor gekommen. Sakya Pandita unterrichtete den mongolischen Herrscher in der Lehre Buddhas. Der 19jährige Mönch Phagpa war dann der religiöse Lehrer Kublai Khans, des Nachfolgers Prinz Godans.

1254 erhielt Phagpa einen Brief Kublai Khans, in dem er mit der höchsten Autorität über Tibet belehnt wurde. In diesem Text heißt es:

„Als ein aufrichtiger Gläubiger an den erhabenen Buddha, den allbarmherzigen und unbesiegbaren Herrscher der Welt, dessen Gegenwart wie die Sonne jeden dunklen Flecken aufhellt, habe ich den Mönchen und Klöstern Eures Landes immer besondere Gunst gezeigt. Im Glauben an Buddha studierte ich die Lehren Eures Onkels Sakya Pandita, und im Jahr des Wasserochsen erhielt ich Unterricht von Euch selbst. Nachdem ich unter Euch studiert habe, bin ich ermutigt worden, Euren Mönchen und Klöstern zu helfen, und im Gegenzug zu dem, was ich von Euch gelernt habe, möchte ich Euch ein Geschenk machen. Dieser Brief ist mein Geschenk. Er gibt Euch Autorität über ganz Tibet, er ermöglicht Euch, die religiösen Institutionen und den Glauben Eurer Menschen zu schützen und die Lehre Buddhas zu verkünden …

Diejenigen, die die Lehre Buddhas kennen, sollen sich bemühen, sie weiterzuverbreiten; diejenigen, die sie nicht kennen, sollen sich bemühen, soviel wie möglich zu lernen. Ein jeder sollte lesen, schreiben und meditieren, zu Buddha beten und auch für mich beten … Glaubt nicht, daß wir Mongolen unfähig sind, über die Religion zu lernen, wir lernen allmählich."

1260, nach dem Tod Monka Khans, wurde Kublai Khan Herrscher der Mongolei. Phagpa leitete die Zeremonien der Inthronisierung. Zu diesem Zeitpunkt hieß es, das Verhältnis zwischen Lama und Schirmherr, zwischen dem mongolischen Khan und dem tibetischen Lama sei wie „Sonne und Mond am Himmel“.
Der tibetische Begriff für diese enge Beziehung war Chö-Yön, was bedeutet: Lama-Schutzherr- oder Priester-Patron-Beziehung. Sie enthielt Elemente der im — nach westlichen Vorstellungen entwickelten — Völkerrecht „Protektorat“ genannten Institution.
In diesem besonderen Verhältnis, das eine Dualität der weltlichen und der geistlichen Herrschaft festlegte, wird eine Abhängigkeit zwischen Herrscher und Lama vereinbart. Außerdem wurde auf das universale buddhistische Kaisertum der Chakravartirajas Indiens, also eine Art Reichsidee, zurückgegriffen. Diese sakrale Dimension der Rechtfertigung seiner Herrschaft könnte Kublai Khan in seinem Bestreben, als Kaiser Chinas allseitig akzeptiert zu werden, nützlich gewesen sein. Der sakrale Anspruch, buddhistisch-universaler Kaiser zu sein, wurde als Legitimation nicht nur für die Herrschaft über die Mongolei, über Tibet und China gesehen, sondern über die ganze Welt. Interessant ist in diesem Zusammenhang der Name, den Kublai Khan seiner Dynastie gab: „Yuan“. Dieses Wort ist von „Qianyuan“ abgeleitet und bedeutet „ursprüngliche kreative Kraft“.
Im Jahre 1260 verlieh Kublai Khan Phagpa den Titel „Praeceptor des Reiches“. Außerdem erhielt er die weltliche Autorität über die tibetischen Provinzen Ü-Tsang, Dotod (Kham) und Domed (Amdo). Es gibt Berichte, daß Kublai Khan unter dem Einfluß von Phagpa verboten haben soll, Chinesen in Flüsse zu werfen und zu ertränken. Diese Praxis sollte verhindern, daß ein zu starker Anstieg der chinesischen Bevölke-

rungsgruppe in der Mongolei die Macht der Dynastie Kublai Khans gefährdete.

Phagpa erreichte auch gegen das anfängliche Sträuben Kublai Khans, daß nicht nur seine eigene Sakya-Schule des Buddhismus, sondern auch die anderen tibetischen buddhistischen Schulen ihre Religion praktizieren durften. Auf diese Weise gewann Phagpa die Sympathie und Unterstützung anderer Äbte und religiöser Herrscher in Tibet. (Auch ein tibetischer Lama der Kagyü-Sekte war am Hof Kublai Khans tätig.)

Phagpa erwähnt in seinen Memoiren, daß er 1271 dort einen Fremden traf, der von weither gekommen sei. Es könnte sich um Marco Polo gehandelt haben, der häufig am Hof des Kublai Khan weilte und der selbst berichtete, er habe den Lama des Khan kennengelernt.

Im Jahre 1280, als Phagpa im Sakya-Kloster starb, d. h. wahrscheinlich vergiftet wurde, hatte Kublai Khan fast ganz China erobert. Er bestieg den Thron als Kaiser von China.

Während Kublai Khan die Sakya-Schule favorisiert hatte, wurde ein Karmapa-Mönch, Rangjung Dorje, von einem seiner Nachfolger 1331 an den mongolischen Hof gerufen. Er leitete 1333 die Zeremonien zur Kaiserkrönung Togon Temürs.

Das Chö-Yön-Verhältnis, das als religiös-politische Beziehung zwischen dem tibetischen Lama und dem mongolischen Herrscher seinen Ursprung hatte, wurde über Jahrhunderte fortgeführt. Später bestand es zwischen den Mandschu-Kaisern und dem Dalai Lama. Erst 1911, mit dem Sturz der Qing-Dynastie, wurde es vom Dalai Lama aufgekündigt.

Während der Ming-Dynastie (1368 – 1644) gab es keine solche Beziehung. Zur gleichen Zeit blieb aber das enge Verhältnis zu den Mongolen, insbesondere zum mongolischen Herrscher Altan Khan, erhalten.

Ein Enkel Altan Khans, Yönten Gyatso, geboren 1589 in der Mongolei, wurde als Reinkarnation des 3. Dalai Lama anerkannt. Er bekam eine besondere religiöse Erziehung durch tibetische Lehrer in der Mongolei und wurde zum 4. Dalai Lama. Die geistliche Beziehung zwischen der Mongolei und Tibet vertiefte sich, und die Gelugpa-Sekte, der die Dalai Lamas angehörten, erlangte besondere Bedeutung.
1644 kam die Mandschu-Dynastie in China an die Macht. Kaiser Shun-chih lud den 5. Dalai Lama zu einem Besuch an seinen Hof ein. Es existierte aus dem vorherigen Jahrhundert, dem Jahr 1578, eine Weissagung, daß die Nachkommen des mongolischen Herrschers Altan Khan in 80 Jahren die höchsten Herrscher der Mongolei und Chinas werden würden. Da die Tibeter eine enge Verwandtschaft zwischen Mongolen und Mandschus sahen, glaubten sie, mit der Thronbesteigung des ersten Kaisers der Mandschu-Dynastie sei diese Prophezeiung erfüllt.
1652–1653 reiste der 5. Dalai Lama nach China. Der chinesische Kaiser reiste ihm entgegen. Es kam zu einer ersten Begegnung auf chinesischem Territorium, unmittelbar an der tibetischen Grenze. Später, in Peking, fanden aufwendige Zeremonien statt. Der Kaiser hatte für den Dalai Lama einen besonderen Palast bauen lassen, den Huang Ssu (Gelber Palast). Kaiser und Dalai Lama tauschten bei der offiziellen Zeremonie in der Audienzhalle des Kaisers Geschenke aus, unter anderem Goldteller, auf denen die gegenseitig verliehenen Titel eingraviert waren. Als Titel für den Dalai Lama: Beherrscher des Ozeans, Träger des Donnerkeils; als Titel für den Kaiser: Großer Meister, Höchster, Gott des Firmaments, Bodhisattva.
Während der mandschurischen Qing-Dynastie von 1644 bis 1911 bestand die Chö-Yön-Beziehung offiziell

und mit Rechtsgültigkeit. Während dieser Zeit waren die Dalai Lamas fast ohne Unterbrechung spirituelle und religiöse Berater der chinesischen Kaiser und diese im Gegenzug Beschützer und Patrone des Buddhismus im Reich der Mitte und in Tibet. Die Gottkönige Tibets konnten die Kaiser des Reiches der Mitte um militärischen Beistand ersuchen. Ein gutes Beispiel dafür sind die Ereignisse im Jahr 1718, als die Truppen des Mandschu-Kaisers halfen, die Dsungaren, die Lhasa besetzt hatten, zu vertreiben. Der 7. Dalai Lama konnte damals in den Potala zurückkehren und seine rechtmäßige Herrschaft über Tibet wieder ausüben.

Anders war jedoch die Situation in den Jahren vor dem Ende der Mandschu-Dynastie. Noch im Dezember 1908 zelebrierte zwar der gerade in Peking weilende 13. Dalai Lama nach den Traditionen des tibetischen Buddhismus das Totenritual für den im Palast gefangengehaltenen und wahrscheinlich vergifteten Kaiser Kuang Hsu und die Kaiserin-Witwe, die am Tag nach ihm gestorben war. Ein gutes Jahr später hatten sich die Beziehungen zwischen China und Tibet sehr verschlechtert. Den chinesischen Truppen war es bereits in den vorangegangenen Jahren gelungen, Gebiete im östlichen Tibet zu erobern. 1910 marschierten sie in Lhasa ein und beschossen den Jokhang-Tempel und den Potala-Palast. Der 13. Dalai Lama konnte über die Grenze flüchten und fand in Darjeeling/Indien Zuflucht. Die chinesische Regierung in Peking erklärte den Dalai Lama als abgesetzt.

Aufgrund des einhelligen Widerstands der tibetischen Bevölkerung sahen sich die Chinesen jedoch genötigt einzulenken. Der Amban (ihr Vertreter in Lhasa) Lien-yü lud den Panchen Lama aus Shigatse nach Lhasa ein. Er wohnte im Norbulingka-Palast, dem Sommerpalast des Dalai Lama. Die Einwohner von Lhasa protestierten. Als im Oktober 1911 Sun Yat-sen die Mandschu-Dynastie in China stürzte, revoltierten Soldaten der chinesischen Garnison in Lhasa gegen den Vertreter der Mandschu-Dynastie, den Amban. Dieser flüchtete und fand in Shigatse Unterschlupf. Anhängern des Dalai Lama gelang es dann, die Chinesen aus Shigatse und Gyatse zu vertreiben. Um Lhasa wurde mit Verbissenheit gekämpft. 1912 wies der chinesische Präsident Yüan Shih-kai den Amban in Lhasa an, die chinesischen Truppen nach China zurückkehren zu lassen. Dies war jedoch nicht möglich, da sämtliche Straßen von Tibet nach China durch die tibetischen Truppen blockiert waren. Die chinesischen Truppen kapitulierten schließlich und konnten unbehelligt abziehen.

Der chinesische Präsident sandte ein Telegramm an den Dalai Lama, in dem er sich für die Exzesse der chinesischen Truppen entschuldigte und dem Dalai Lama die Wiedereinsetzung in seinen früheren Rang versicherte. Der Dalai Lama antwortete, daß er die chinesische Regierung nicht um irgendeinen Rang ersuche, da er jetzt die weltliche und geistliche Macht in Tibet selbst ausüben werde.

In dieser Erklärung wird eine formelle Beendigung des Chö-Yön-Verhältnisses gesehen: China hatte seine aus diesem Verhältnis resultierenden Pflichten als Beschützer Tibets verletzt. Schon zuvor bei der chinesischen Invasion in Tibet war ersichtlich geworden, daß der Kaiser bzw. die Kaiserin-Witwe nicht mehr gewillt war, die den Mandschus zustehende Rolle als Schutzpatron Tibets auszufüllen. Der Dalai Lama sah sich somit seinerseits nicht mehr in der Lage, weiterhin geistlicher und religiöser Berater des Kaisers zu sein.

Einige Historiker und Völkerrechtler gehen davon aus, daß China – solange das Chö-Yön-Verhältnis bestand – im Gegenzug als Kompensation für die Gewährung militärischen Schutzes Souzeränität, also gewisse Hoheitsrechte, nicht jedoch Souveränität über Tibet ausüben konnte. Die Dalai Lamas behielten stets die Regierungsgewalt in Tibet.

Nicht ganz zu Unrecht ließe sich im Gegenzug zu Pekings heutigem Anspruch, daß Tibet seit eh und je Teil des chinesischen Staatsverbands gewesen sei, entgegnen, daß China zumindest zu einem gewissen Prozentsatz in spiritueller und religiöser Hinsicht Teil Tibets war und bleibt.

In der deutschen Ausgabe der Memoiren des letzten Kaisers der mandschurischen Dynastie, des sogenannten „Kind-Kaisers" Pu Yi, ist ein Foto abgebildet, auf dem seine Mutter Tze Hsi, die Kaiserin-Witwe, als Göttin der Barmherzigkeit verkleidet, posiert, also als Avalokiteshvara, als dessen Reinkarnation der Dalai Lama gilt. Der Einfluß Tibets in China war somit bedeutsam. Ein Mitarbeiter der Exilregierung des Dalai Lama äußerte mir gegenüber die Ansicht, daß noch zu Beginn unseres Jahrhunderts im Kaiserreich China von der mandschurischen Dynastie tibetische Beamte gegenüber den Han-Chinesen bevorzugt worden seien. Hierin sah er einen unterschwelligen Grund für die Ressentiments der Han-Chinesen gegenüber den Tibetern, aus der ihre von Haß geprägte Kolonialpolitik gegenüber Tibet resultiere.

1951 kamen erneut chinesische Soldaten nach Lhasa. Die Tibeter begegneten ihnen mit wenig Freundlichkeit. Der Dalai Lama schreibt in seiner Autobiographie (1990), daß Tibeter immer wieder ihre Verachtung gegenüber den Chinesen zum Ausdruck gebracht hätten: In ihrer traditionellen Art, das Böse zu vertreiben, hätten die Tibeter, wo immer sie chinesische Soldaten sahen, in die Hände geklatscht und ausgespuckt. Kinder hätten Steine geworfen und sogar Mönche Teile ihrer

Gewänder zu Bündeln verknotet und chinesische Soldaten, die sich ihnen näherten, verprügelt.
Der Dalai Lama erinnert aber auch daran, daß — während einige tausend der Hunderte von Millionen Chinesen Grausamkeiten an den Tibetern begingen — in jedem Augenblick gewiß einige Millionen sich freundlich verhielten.

Manjushri — Die reinkarnierte Weisheit: Buddhismus in China

Der heilige Berg Wutai Shan in der chinesischen Provinz Shanxi war Zentrum des Kultes um Manjushri, den Bodhisattva der Weisheit, als dessen Reinkarnation der Kaiser der mandschurischen Dynastie galt. Der höchste von den fünf Gipfeln von Wutai Shan erreicht 3000 Meter. Er gilt als das „Dach" des nördlichen China. Wutai Shan ist für die tibetischen Buddhisten der heiligste Platz in China.
1908 besuchte der 13. Dalai Lama Wutai Shan und verbrachte dort fünf Monate. Er erwies Manjushri seine Huldigung. Während dieser Zeit kamen eine Reihe mongolischer Stammesführer, um seinen Segen zu erbitten.
Auch ein geheimnisvoller Besucher aus Deutschland erschien, der als deutscher Doktor bezeichnet wurde, vielleicht aber gar kein Arzt war, sondern nur einen Doktortitel führte. Er übergab dem Dalai Lama ein illustriertes Buch über das Arsenal deutscher Waffen. Er wollte deutlich machen, daß Deutschland Tibet mit Waffen helfen könne. Der Dalai Lama ging nicht auf dieses Angebot ein.
Die Tempel von Wutai Shan wurden vor etwa 600 Jahren geschaffen, als der Buddhismus in China großen

Einfluß hatte. Die Tibeter gehen davon aus, daß heute noch zumindest 100 Millionen Chinesen Buddhisten sind.

Der Buddhismus ist früh nach China gekommen. Eine Legende berichtet, daß der Kaiser Ming Ti im 1. Jahrhundert n. Chr. einen besonderen Traum gehabt habe: Er sah eine große, goldene Figur über dem Kaiserpalast schweben. Der Kopf habe inneres Feuer ausgestrahlt, und sein Körper habe den Glanz des Mondes und der Sonne widergespiegelt. Einer der kaiserlichen Minister deutete den Traum. Der Glanz sei durch den Gründer einer neuen Religion im Westen hervorgerufen worden, durch Gautama Buddha. Kaiser Ming Ti schickte eine Gesandtschaft nach Indien, die buddhistische Lehrer nach China holte.

Um die Mitte des 3. Jahrhunderts gab es bereits überall in China Buddhisten. Im 5. Jahrhundert n. Chr. breitete sich der Buddhismus dann in einer Art Siegeszug in China aus.

Albert Schweitzer schreibt in seinem Buch „Die Weltanschauung der indischen Denker“, daß die Chinesen besonders von der Großzügigkeit und Innerlichkeit der Mitleidsethik angetan gewesen seien. Der Buddhismus sei dem religiösen Bedürfnis der Chinesen entgegengekommen, das der Konfuzianismus ganz ignoriert habe und dem der Taoismus nur wenig biete.

Im 9. Jahrhundert wurde der Buddhismus wie auch andere fremde Religionen, so der Manichäismus und die Zarathustra-Religion, in China schwer verfolgt. Im 11. Jahrhundert, als der fromme Kaiser Tsen-Tsung aus der Sung-Dynastie dem Buddhismus volle Glaubensfreiheit gewährte, traten plötzlich 230 000 Männer und 15 000 Frauen in die Klöster ein.

Während unter der mongolischen Yuang-Dynastie der Buddhismus erstarkte, ging unter der Ming-Dynastie

und der mandschurischen Qing-Dynastie sein Einfluß stark zurück, ungeachtet der Tatsache, daß die mandschurischen Kaiser als Reinkarnationen Manjushris angesehen wurden.
Der weltweit bekannte Autor von Büchern über den tibetischen Buddhismus, Lama Anagarika Govinda, Sohn eines deutschen Vaters und einer bolivianischen Mutter, schreibt in seinem Buch „Der Weg der Weißen Wolken", daß bisher niemand nach Tibet gekommen sei, ohne in seinen Bann zu geraten, und daß vielleicht auch die Ideen der Chinesen wie einst die der Mongolen durch die Lehre Buddhas verändert werden könnten.

Vajrapani — Reinkarnation der Macht: Freiheit für die Äußere Mongolei

Die weltlichen Herrscher der Mongolen aus der Dynastie Chingis Khans galten über Jahrhunderte als Reinkarnationen Vajrapanis, des Bodhisattvas der Energie und Macht. Dies war sicherlich hilfreich zur Konsolidierung ihrer Herrschaft über die Mongolen, die seit dem 13. Jahrhundert vom Schamanismus und zum Teil auch vom nestorianischen Christentum zum Buddhismus konvertiert waren.
Seit dem 17. Jahrhundert wurde das jeweilige Oberhaupt der lamaistischen Kirche der Mongolei, der Bogdo Gegen Jetsundamba Khutukhtu, als Reinkarnation Taranathas angesehen. Taranatha (1575—1634), ein berühmter tibetischer Mönch und Historiker, lebte im Jomonang-Kloster bei Shigatse, dessen Abt im 14. Jahrhundert eine Philosphie der Leere entwickelt hatte. Der Dalai Lama bestätigte im September 1991 den tibetischen Mönch Jampel Namdrol Chökyi Gyältsen als 9. Jetsundamba Khutukhtu, d. h. als Reinkarnation Tara-

nathas. Jampel Namdrol wurde am 8. des 11. Monats des Wasseraffen-Jahres, also 1932, in Lhasa geboren, war Mönch im Drepung-Kloster in Lhasa und flüchtete nach der Invasion der Chinesen nach Indien. Er lebt zur Zeit in der Mainpat-Siedlung der tibetischen Flüchtlinge in Südindien. Seine Rückkehr in die Mongolei wird vorbereitet. Reting Rinpoche, der Regent Tibets vor der Inthronisierung des 14. Dalai Lama, hatte ihn bereits als 9. Jetsundamba Khutukhtu anerkannt.

Der Einfluß des Buddhismus in der Mongolei begann mit der Bekehrung Kublai Khans. Seit dem 16. Jahrhundert war der Buddhismus Staatsreligion. 1757 hatten die Kaiser der Mandschu-Dynastie durch Dekret bestimmt, daß nur in Tibet nach Reinkarnationen des Jetsundamba Khutukhtu gesucht werden durfte.

Der 8. Jetsundamba Khutukhtu erklärte 1911 die Unabhängigkeit der Mongolei von China. 1919 ging China mit Gewalt gegen die Äußere Mongolei vor, indem es Truppen entsandte. Der chinesische General Sü Schu tsch'eng besetzte Urga. Peking drängte auf die Begleichung von Schuldforderungen und auf Reparationen für die Zeit nach der chinesischen Revolution von 1911. China versuchte der Äußeren Mongolei den gleichen Status aufzuzwingen wie der Inneren Mongolei, die es unter seine Herrschaft gebracht hatte.

Es gab ein Zwischenspiel, als 1921 der Balte Freiherr Nicolas von Ungern-Sternberg, Generalleutnant der asiatischen Kavalleriedivision und Kommandeur des Kosaken-Detachements der kaiserlich-russischen Armee, die Stadt Urga, das heutige Ulan Bator, eroberte. In seiner 5000 Mann starken Truppe kämpften Russen, Burjaten, Mongolen und Tibeter. Ungern-Sternberg war Buddhist. Er glaubte an Prophezeiungen und lebte in dem Wahn, selbst die Reinkarnation einer Kriegsgottheit zu sein. Er glaubte an eine Legende, der zufolge seine Familie von den Hunnen, ja von Attila selbst abstammte. Deswegen hielt er sich für seine Rolle in der Mongolei prädestiniert. Er heiratete eine mongolische Prinzessin.

Ungern-Sternberg bereitete dem chinesischen Einfluß ein Ende und setzte den 8. Jetsundamba Khutukhtu wieder als offizielles Staatsoberhaupt ein. Der baltische Baron hatte die Unterstützung Japans, konnte sich aber nur fünf Monate halten. Sowjetische und mongolische Truppen eroberten im Juli 1921 Urga. Die Äußere Mongolei wurde für 70 Jahre sowjetisches Einflußgebiet. Dem Jetsundamba Khutukhtu wurde erlaubt, weiterhin Staatsoberhaupt zu bleiben mit dem Titel „Khan". Nach seinem Tod im Jahre 1924 war es verboten, nach Reinkarnationen von ihm zu suchen.

Der Dalai Lama besuchte bereits 1982 Ulan Bator. Es kam dort trotz 65 Jahren marxistisch-leninistischer Propaganda und antireligiöser Politik zu begeisterten Manifestionen religiösen Glaubens und der Anhänglichkeit an den Dalai Lama.

In Erdene dsuu, einmal eines der bedeutendsten buddhistischen Zentren der Welt, beten heute wieder die Mönche. Das Kloster liegt unmittelbar bei Karakorum, der einstigen Hauptstadt des mongolischen Weltreichs. Von der früheren Größe zeugt nichts mehr außer einer riesigen steinernen Schildkröte, hier zu Recht Symbol der Langlebigkeit.

Von einer hölzernen Empore neben dem Hauptgebäude des Klosters Erdene dsuu entlocken zwei junge Mönche ihren Muschelhörnern für europäische Ohren fremdartige, aber wohlklingende Töne. Es ist der Auftakt zum Gebet. Rund 40 Mönche sind im Hauptgebäude, im Mahakala-Tempel, zusammengekommen. Sie sitzen sich in vier Reihen jeweils zwei zu zwei gegenüber. Der etwa 80jährige Abt des Klosters stimmt ein

Mantra an, die anderen Lamas, viele ebenfalls über 80, sowie eine Anzahl Novizen, der jüngste 7 Jahre alt, murmeln das Gebet mit. Auf dem Altar steht neben der Statue Buddhas ein Foto des Dalai Lama. An den Seitenwänden hängt eine Serie kostbarer Thangkas mit dem Bildnis der furchterregenden Gottheit Mahakala, in Goldfarbe auf schwarzem Hintergrund gemalt. Links in der vordersten Reihe sitzt ein alter Mönch mit sehr ausdrucksvollem Gesicht. Er hält eine Vajra, einen Donnerkeil, in der Hand, mit dem er in genau vorbestimmten Bewegungen etwa alle vier Minuten ein tantrisches Ritual vollzieht, zu dem die Laute der Gongs und der Trommeln ertönen. Ich bleibe für eine Weile in die Betrachtung dieses Rituals versunken. Die uralten Zeremonien sind von großer Eindringlichkeit.

Nach dem Zusammenbruch der marxistisch-leninistischen Regime in Osteuropa und in der Sowjetunion gab es Tauwetter auch in der Mongolei. Das Land erlebt eine Renaissance des Buddhismus. Seit Ende der 30er Jahre waren die Mönche in stalinistischen Terrorwellen verfolgt und umgebracht worden. Ein großer Teil der Klöster, insgesamt wohl 700, wurde systematisch zerstört. In Erdene dsuu allein gab es noch vor 60 Jahren über 100 Klöster.

90 Prozent der Bevölkerung von 2,2 Millionen gelten als Buddhisten. Bis Anfang 1991 war im ganzen Land allerdings nur ein einziges Kloster geöffnet, das Ganden-Kloster in Ulan Bator. Die Gläubigen hatten kaum eine Möglichkeit, ihre Religion zu praktizieren. Inzwischen sollen bereits weit über 100 Klöster neu gegründet worden sein. Verborgen gehaltene Statuen Buddhas und Thangkas kommen wieder ans Licht und finden ihren Platz in diesen Klöstern.

Im September 1991 besuchte der Dalai Lama erneut die Äußere Mongolei. Etwa 15 000 Menschen erwarteten

vor dem Ganden-Kloster in Ulan Bator ihren spirituellen Führer und begrüßten ihn mit nicht enden wollender Begeisterung. Der Dalai Lama gab vor 40 000 Zuhörern in einem Stadion unter freiem Himmel religiösen Unterricht über die „Lam-Rim"-Prinzipien (Stufenweg zur Erleuchtung).
In einer Rede vor Journalisten verkündete er, die Mongolei habe bewiesen, daß der menschliche Geist stärker als alle Waffen sei.
Energie und Macht Vajrapanis leben fort.

Weiße Tara und der Zar — Lamas in Sibirien und Sankt Petersburg

Die mongolischstämmigen Burjaten hatten ein gutes Verhältnis zum letzten russischen Zaren, Nikolaus II. Er kam dem Wunsch des 13. Dalai Lama nach und gab die Erlaubnis zum Bau eines lamaistischen Tempels in Sankt Petersburg. Die Bauweise dieses der Gottheit Kalachakra geweihten Tempels ist deutlich vom Jugendstil beeinflußt. Ein prominenter Künstler, Nikolaus Roerich, nahm an seiner Ausstattung teil. Heute noch sind im Innenraum mit buddhistischen Symbolen bemalte Glasfenster von ihm zu sehen. 1913 wurde dort in Anwesenheit der Gesandten buddhistischer Staaten, Siams und der Mongolei, das 300jährige Jubiläum der Dynastie der Romanows gefeiert.
Im Zaren sahen die burjatischen Lamas eine Reinkarnation der Weißen Tara, die den fruchtbaren Aspekt des Mitleids darstellt. Die Legende will, daß sie aus einer Träne des Mitleids aus dem Auge Avalokiteshvaras entstanden ist. Sie wird vor den Scheiben von Sonne und Mond, auf einer Lotosblume sitzend, abgebildet und

hat sieben Augen, drei im Gesicht, zwei an den Handflächen und zwei an den Fußsohlen.
Es mag ein bißchen weit hergeholt sein, im russisch-orthodoxen Herrscher Rußlands ihre Reinkarnation zu sehen. Auf diese Weise wurden jedoch sicherlich die Bande zwischen dem Zaren und den buddhistischen Untertanen im Osten des Imperiums gestärkt.
Agwan Dorzhiev, ein dynamischer Lama aus der burjatischen Region Sibiriens, ausgebildet im Drepung-Kloster bei Lhasa, der als Lehrer des 13. Dalai Lama gewirkt hatte, war die treibende Kraft für den Bau des Tempels. 1898 kam er als Gesandter des Dalai Lama nach Sankt Petersburg. Er hatte in den nächsten Jahren mehrere Begegnungen mit Zar Nikolaus II.
Die orthodoxe Kirche in Sankt Petersburg sah jedoch den Einfluß der buddhistischen Lamas, insbesondere Agwan Dorzhievs, auf den Zaren mit Unbehagen. Dieser burjatische Lama hatte eine ähnliche Stellung wie Rasputin gewinnen können. Der Zar und insbesondere die Zarin standen den mystischen Aspekten des Buddhismus aufgeschlossen gegenüber. Sie hatten Vertrauen in die tibetische Medizin, die Dorzhiev praktizierte. Da das Herrscherpaar keinen Sohn hatte, wurde Dorzhiev ersucht, gewisse Rituale zu vollziehen, um ein solches freudiges Ereignis zu bewirken. Der Thronfolger wurde in der Tat geboren, litt jedoch an der Bluterkrankheit.
Agwan Dorzhiev spielte eine bedeutsame Rolle im „Great Game“, dem Großen Spiel zwischen Rußland und England um die Kontrolle Asiens. Er war der offizielle Gesandte Tibets am Zarenhof.
Die Briten nahmen die Verbindungen zwischen dem offiziellen Gesandten des Dalai Lama und dem Zaren sowie angebliche russische Waffenlieferungen an die Tibeter als Vorwand für ihr militärisches Eingreifen in Tibet, für die sogenannte Younghusband-Expedition.

Dorzhiev soll 1911 nach Frankreich, Deutschland und Italien gereist sein mit dem Auftrag, um die Anerkennung der Unabhängigkeit der Mongolei und Tibets nachzusuchen. Anscheinend stieß er auf wenig Interesse. Dorzhiev war in der Tat bemüht, den Zaren dazu zu bewegen, Tibet russische Protektion gegenüber den englischen Bestrebungen zu gewähren. Dies muß nach der britischen militärischen Expedition Younghusbands von 1904 nach Lhasa nur konsequent erschienen sein.

Nach der Oktoberrevolution in Rußland wurde für die Buddhisten und den Tempel die Zeit härter. Die Mönche folgten einem Ratschlag aus Kreisen der neuen Regierung und übermalten die Goldfarbe an den Außenwänden des Tempels mit schwarzer Lackfarbe. Heute, mehr als 70 Jahre später, kommt das Gold an vielen Stellen wieder zum Vorschein. Der alte Glanz könnte bald wieder erstrahlen.

Angeblich war Dorzhiev für einige Zeit Vertrauter Lenins. Er schrieb ein Buch über Buddhismus und Sozialismus, in dem er versuchte, die beiden Lehren zu vereinen. Ende der 30er Jahre wurde er unter Stalin im Zuge der Zerschlagung der Religionsgemeinschaften verhaftet. Er starb als 87jähriger im Gefängnis.

Der heutige Abt, Lama Samayev Tenzin-Khetsun, äußerte sich mir gegenüber zuversichtlich über die künftige Aufgabe seines Tempels: Der Buddhismus sei geeignet mitzuhelfen, das nach dem Zusammenbruch des Marxismus-Leninismus entstandene spirituelle und ideologische Vakuum zu füllen. Unter den russischen Intellektuellen gebe es heute ein spürbares Interesse an der Lehre Buddhas.

Anhänger des Dalai Lama in Rußland sind nicht nur die Burjaten, sondern auch die Kalmücken. Während des Zweiten Weltkrieges schlugen sie sich auf die Seite der

Deutschen. Deutschland hatte ihnen einen unabhängigen Staat versprochen. Kalmückische Regimenter kämpften gegen Stalins Rote Armee. Als Strafe wurden sie nach Kriegsende von Stalin aus ihrem Siedlungsgebiet an der unteren Wolga nach Sibirien vertrieben. Bei dieser Zwangsumsiedlung kam ein großer Teil der Kalmücken ums Leben.

Die Gastfreundschaft der mongolischen Burjaten in Ulan Ude, im Süden Sibiriens, nicht weit von der Grenze zur Mongolei, ist überwältigend. Auch am Morgen wird schon kräftig getrunken. Nach dem vierten Glas Wodka zeigt sich mein Gastgeber, ein pensionierter Oberst der Roten Armee, sehr gesprächig. Sein Deutsch ist nicht schlecht. Er hat Dienst getan in Ulan Bator und in Potsdam. Er kennt Thüringen gut, erwähnt Pößneck und Rudolstadt. Während im Fernsehen, das auch bei den Burjaten von morgens bis abends angeschaltet ist, gerade ein Pianist Beethovens Apassionata klimpert, zeigt mir der Oberst, der von meinem Interesse am Buddhismus gehört hat, ein Foto des Dalai Lama, das über einem in der ehemaligen DDR gefertigtem Wandteppich hängt. Wie ein Talisman war das Bild überall dabei, wo der Offizier der Roten Armee im Einsatz war, in Ulan Bator, in Potsdam, in Thüringen.

Die Dalai-Lama-Bilder scheinen bei den Burjaten omnipräsent zu sein, wie Zeugnisse einer fernen Vergangenheit. Kenntnisse vom Buddhismus jedoch sind kaum mehr vorhanden. Es ist in über 70 Jahren marxistisch-leninistischer Indoktrinierung gelungen, die Säkularisierung der Gesellschaft sehr weit voranzutreiben.

Im Haus eines anderen sehr prominenten Burjaten, des Opernsängers Kim Bazarsadaev, der neben großen Opernrollen auch gerne eine Ode auf Lenin sang, ist im

Wohnzimmer an prominenter Stelle ebenfalls ein Dalai-Lama-Bild plaziert.
Ich bin nicht der einzige Gast. Ein hoher Lama der Kalmücken ist ebenfalls zu Besuch. Er ist angereist zur Kremation des Bandido Khambo Lama, des gerade verstorbenen höchsten buddhistischen Würdenträgers Sibiriens, Choj Dorje Budaev. Ungefähr 40 km nördlich von Ulan Ude, östlich des Baikalsees, liegt sein Kloster, Datsan genannt. Stalin erlaubte Anfang der 40er Jahre die Neugründung dieses Klosters. Nach der radikalen Verfolgung aller Religionen in der Sowjetunion in den 30er Jahren, der auch fast alle buddhistischen Mönche zum Opfer fielen, d. h. ermordet wurden oder in den Gulags umkamen, hatte der Diktator plötzlich den „Wert" der Religion entdeckt: Es galt, durch sie den vaterländischen Widerstandsgeist der Menschen im Zweiten Weltkrieg zu stärken.
Als ich das Kloster besuchte, erläuterte einer der Mönche mir die Hindernisse, denen der buddhistische Glauben sich heute gegenübersieht: Während der kommunistischen Herrschaft seien alle Beschränkungen darauf gerichtet gewesen, das individuelle Denken zu unterbinden. Mit der Ermordung der Lamas seien auch die Kenntnisse über den Buddhismus weitgehend beseitigt worden. Jetzt bestehe eine der Hauptaufgaben für die Mönche darin, den Menschen den Inhalt des buddhistischen Glaubens zu erklären. Es gebe heute wieder 14 buddhistische Zentren in der burjatischen Region. Vor der Oktoberrevolution von 1917 seien es 44 Tempel gewesen, die alle zerstört worden seien.
Nur noch 250 000 Burjaten lebten in ihrem alten Siedlungsgebiet um Ulan Ude. Sie seien gegenüber den rund 750 000 Russen in ihrem eigenen Land zu einer Minderheit geworden.

Im Sommer 1992 lebte das Kloster in Erwartung auf den Besuch des Dalai Lama, der im Oktober kommen sollte. Bereits 1982 und 1991 war das Oberhaupt der tibetischen, mongolischen, burjatischen und kalmückischen Buddhisten in Sibirien.

Tibets Spiritualität

„Gesegnet seien Sprache, Körper und Seele durch das Juwel der Lotosblüte.“

Tibetisches Mantra

Om mani padme hum

Auf unzähligen sogenannten Mani-Steinen in Tibet und am Rande der Pilgerpfade im buddhistisch geprägten Himalaja ist die Inschrift „Om mani padme hum" eingemeißelt. Hunderttausende von Gebetsmühlen werden täglich von frommen Tibetern in Bewegung gesetzt, indem das Gebet „Om mani padme hum" gesprochen wird. „O Juwel im Geheimnis der Lotosblüte" ist die volkstümliche Übersetzung.

Eine andere Übersetzung gibt jedoch die wirkliche Bedeutung besser wieder: „Gesegnet seien Sprache, Körper und Seele durch das Juwel der Lotosblüte."

Im Kampf um das Überleben ist es das Los vieler Tibeter, insbesondere der Nomaden, ständig umherzuziehen. Das spärliche Weideland zwingt sie dazu. Es ist nur natürlich, daß bei langen Wanderungen oder Ritten durch die großartige, aber auch monotone Weite des Raums auf dem Dach der Welt die Gedanken der Menschen anders geartet sind als in der Enge der Städte oder des dichtbesiedelten Landes. Die Gedanken scheinen sich in der unbegrenzten Weite zu verlieren, Wege und Irrwege einzuschlagen, die fern vom richtigen Weg liegen, dem Weg zum Nirwana, zur Erlösung. Viele Tibeter lassen auf ihren Reisen ständig die Perlen bzw. hölzernen Kugeln des Rosenkranzes durch die Finger gleiten und murmeln die Beschwörungsformel „Om mani padme hum". Dieses Gebet sammelt die geistigen Kräfte und konzentriert sie auf den richtigen Weg.

Wesentlich ist dabei, den Geist auf die Bedeutung des Mitleids zu konzentrieren, auf den Bodhisattva Avalokiteshvara, als dessen Reinkarnation bzw. Emanation der Dalai Lama gilt. Die Schwingungsresonanzen der Mantra „Om mani padme hum" sollen Mitleid in den Herzen der Gläubigen wecken.

Die sakrale Kunst Tibets, also die Statuen, Thangkas (bemalten Bilderrollen) und Wandmalereien, hat den alleinigen Zweck, als Meditationshilfe und als Inspiration zu tieferer Einsicht zu dienen. Hierin liegt die Essenz des Mahayana-Buddhismus.

Für den Besucher, der nach Tibet kommt, wird schnell deutlich, wie sehr die Tibeter die Rückkehr ihres Gottkönigs im Exil, des Dalai Lama, ersehnen. Es vergeht kaum eine Viertelstunde, in der ein Ausländer nicht nach einem „Dalai Lama picture" gefragt wird.

Wie die christlichen Heiligen Europas im frühen Mittelalter sind die Heiligen Tibets, die Bodhisattvas, an allen Orten gegenwärtig. Sie treten uns in der Geschichte Tibets entgegen, aber auch an den markanten Punkten in der Landschaft, in den Bergen, an den Seen, insbesondere natürlich in den verbliebenen Klöstern und den Ruinen der von den Chinesen zerstörten rund 6000 Klöster.

Schutzpatronin Tibets ist die Grüne Tara. (Mao Tsetung schien, als er sie Anfang der 50er Jahre in einem Gespräch mit dem Dalai Lama erwähnte, plötzlich Respekt vor der Religion zu haben.) Der prachtvolle Yamdrok-See, etwa 120 km südlich Lhasas, zu dem die Chinesen jetzt zum Entsetzen der Tibeter elektrische Leitungen verlegt haben und an dem ein Wasserkraftwerk gebaut wird, steht unter ihrem besonderen Schutz.

Die Geschichten der Bodhisattvas, der Dalai Lamas, Panchen Lamas, Sakya Lamas und anderer Rinpoches, also Reinkarnationen von Bodhisattvas oder anderer Heiliger, sind nicht Leidensgeschichten wie diejenigen vieler christlicher Heiliger. Es sind vielmehr Geschichten großer Lehrer, die durch ihre Verdienste die Erleuchtung erlangt haben, aber darauf verzichteten, ins Nirwana einzugehen, um den Menschen zu helfen. Sie bleiben unter den Menschen, um diese auf ihrem Weg

zur Vervollkommnung zu unterstützen. Um ihre sterblichen Überreste zu verehren, sind prunkvolle Schreine aus Silber und Gold, verziert mit kostbaren Steinen, in den Klöstern, Tempeln und im Potala-Palast errichtet worden.
Die Bodhisattvas, allen voran Avalokiteshvara, Emanation der Barmherzigkeit, Manjushri, Emanation der Weisheit, und Vajrapani, Emanation der Macht und Energie, herrschten und herrschen nicht nur über Tempel und Klöster, sondern über das weite Land, über Städte, Dörfer, Straßen, Pfade und Bergpässe. Sie herrschen somit über die Weite des Raumes, in dem sich über Lhasa der Palast des Gottkönigs Tibets, der Potala, erhebt und in dem im Westen Tibets der heilige Berg Kailas als Thron der Götter spirituelles Zentrum ist. Täglich beten Gläubige in den Tempeln vor den Skulpturen oder Thangkas der Bodhisattvas. In religiösen Zeremonien und in Meditation beschwören sie durch die Erinnerung an das heilsame Wirken der Bodhisattvas die mystische Kraft, an die Tibet glaubt.

Religiöse Praktiken

Da ein Großteil der gebildeten Mönche von den Chinesen umgebracht wurde, ist in Tibet der Standard der religiösen Kenntnisse nicht mehr so hoch wie früher. Das religiöse Wissen wird jedoch bei den Tibetern im Exil bewahrt, insbesondere in Indien mit dem Zentrum in Dharamsala, dem Sitz des Dalai Lama. Die volle Ausbildung der Mönche in den theologischen und philosophischen Fächern dauert an den Gelugpa-Universitäten etwa 15 bis 20 Jahre. Der Absolvent erhält mit dem Titel „Geshe“ eine Art Doktortitel. Erst dann sind ihm tantrische Studien und tantrische Praktiken erlaubt.

Anders ist die Ausbildung der Nyingma- und Kagyü-Orden. Hier beginnen die Mönche schon früher tantrische Praktiken. Sie folgen dabei häufig dem Weg des Vajrayana und eignen sich die dazu erforderlichen Kenntnisse der Meditation und des Yoga an.
Vajrayana bedeutet diamantenes Fahrzeug. Ziel ist wie beim Mahayana die Erleuchtung nicht für sich selbst, sondern um der anderen willen. Grundlage des Vajrayana sind die buddhistischen Tantras, also esoterische Lehren Buddhas für eine ausgewählte Zahl von Anhängern. Durch die Praktiken des Vajrayana wird versucht, Energien zu aktivieren. Es geht für den Gläubigen darum, sich selbst als Gottheit, als Yidam vorzustellen, um schließlich die Erleuchtung zu erlangen. Das „klare Licht", das bei dieser Art der Meditation sichtbar werden soll, kann normalerweise erst kurz nach dem klinischen Tod erkannt werden.
In Tibet haben mangels qualifizierter Lehrer und mangels korrekter geistlicher Anleitung Praktiken des Volksglaubens eine noch stärkere Bedeutung erlangt als vor 1959. Sie konnten auch die Zeit der Verfolgung während der Kulturrevolution überdauern. Augenfälligste Manifestationen dieser volksreligiösen Praktiken sind das Aufsagen von Mantras genannten Gebeten, wie „Om mani padme hum", und das dreimalige Niederwerfen vor Statuen Buddhas oder von Bodhisattvas, wobei der Kopf den Boden berührt. Gleichfalls wichtig sind das Umschreiten von Tempeln und Schreinen im Uhrzeigersinn und Opfergaben in den Tempeln, etwa flüssige Butter von der Milch der Dri, d. h. der Yakkuh, für die Öllampen, die in den Tempeln brennen.
Im Drehen von Gebetsmühlen wird eine Einstimmung des Geistes auf die Rezitation der Mantras gesehen. Es gilt als eine Handlung, durch die sich der Gläubige Ver-

dienste erwirbt. In Nepal, auf dem Trek zum Base-Camp des Mount Everest, sah ich mit kräftigen Farben bemalte Gebetsmühlen, auf denen in tibetischer Kalligraphie „Om mani padme hum“ stand. Sie wurden mit Wasserkraft betrieben. In Tibet gibt es diese mechanisierten Gebetsmühlen auch. Ich nehme an, daß dem Zweck des Gebetes, Verdienste für ein besseres Karma zu erwerben, auch durch die Mechanisierung kein Abbruch getan wird. Der menschliche Geist ist in der Tat erfindungsreich.

Das Wort Lama bedeutet „geistiger bzw. religiöser Lehrer“. Auf sanskrit ist die Bezeichnung hierfür „Guru“. Vom Lama wird erwartet, daß er seine Schüler auf den Weg zur Erleuchtung führt. Als bedeutende Lamas der Geschichte Tibets gelten Padmasambhava, Marpa und Milarepa, die auf vielen Thangkas dargestellt sind. Dem Lama obliegt es, seinen Schülern die wichtigsten ethischen Prinzipien der Lehre des Mahayana, des Großen Fahrzeuges auf dem Weg zur Erleuchtung, beizubringen: Großzügigkeit, moralisches Verhalten, Toleranz, Energie, Meditation und Weisheit.

Die vier wichtigsten Sekten bzw. Orden des tibetischen Buddhismus sind: Gelugpa, Sakya, Kagyü und Nyingma. Der Gelugpa-Orden wird auch als Orden der Gelbmützen bezeichnet. Dalai Lama und Panchen Lama gehören zum Orden der Gelugpa. Die drei anderen Orden werden traditionell als Orden der Rotmützen bezeichnet. Diese Klassifizierung ist aber nicht ganz richtig. Die Unterschiede sind komplexer und nicht wirklich eine Frage der Farbe der Kopfbedeckung. Der Nyingma-Orden und seine Unterorden vertreten die älteste Schule des tibetischen Buddhismus, die sich auf die alten Übersetzungen tantrisch-buddhistischer Texte seit dem 7. Jahrhundert stützt.

Die Sakya, Kagyü und Gelugpa basieren auf neuen Übersetzungen, die seit dem 11. Jahrhundert entstanden sind.
Die großen verbliebenen Klöster Tibets sind das Sera- und das Drepung-Kloster in Lhasa, das Tashilunpo-Kloster bei Shigatse und das Sakya-Kloster südlich von Shigatse. Das Ganden-Kloster wurde fast vollständig zerstört, aber inzwischen zum Teil rekonstruiert. In den Klöstern Tibets gibt es seit Anfang der 80er Jahre wieder eine relative Religionsfreiheit. Die chinesischen Behörden haben eine begrenzte Anzahl von Mönchen zugelassen. Allerdings kontrollieren viele Sicherheitsbeamte und Agenten in Mönchskleidern die Aktivitäten der Mönche. Die Traditionen der Klöster leben hauptsächlich deswegen fort, weil im Exil, vor allem in Indien, von den 1959 geflüchteten Mönchen neue Klöster gegründet wurden. Hierdurch konnte die Kontinuität in der Ausbildung der Mönche und der Verkündigung der Lehre Buddhas und der besonderen Mahayana-Rituale gewahrt werden.

Stärke des Glaubens als Kraftquelle des täglichen Lebens: Endziel Nirwana

Die Stärke des Glaubens der Tibeter beruht zu einem großen Teil auf der Verehrung ihres spirituellen und weltlichen Führers im Exil, des Dalai Lama. Der Dalai Lama als König und als Gottheit gilt für sie als allmächtig. Es ist eine Idee der Allmächtigkeit, wie wir sie in der Kindheit hegen, geprägt durch die absolute Gewißheit von der allumfassenden Gerechtigkeit, Güte und Barmherzigkeit des Herrschers.
Der Dalai Lama selbst sieht sich am liebsten als einfachen Mönch. Auf eine Frage eines Schülers nach einem

Vortrag in Singapur, zu dem über 5000 Zuhörer gekommen waren, was er denn nun sei, ein König oder ein Gott, antwortete er: „Ich bin beides, ich bin König, und ich bin Gott.“ Dann lachte er sein herzliches, kräftiges Lachen und fügte hinzu: „Nein, wissen Sie, ich bin nur ein demütiger Mönch.“

Ich befragte viele Menschen in Tibet zu ihrem Verhältnis zum Dalai Lama. Fast alle Tibeter, die ich traf, baten mich um ein Foto von ihm. Ich hatte nur zwei solche Bilder bei mir, auf denen der Dalai Lama und ich selbst während einer Audienz abgebildet waren. Da die Weitergabe von Dalai-Lama-Bildern gegen die chinesischen Gesetze verstieß, mußte ich vorsichtig sein. Als ich einem alten Mann doch eines meiner Bilder gab, war die Reaktion ergreifend. Dem Mann standen Tränen in den Augen. Er nahm das Foto, hob es in die Höhe und berührte seinen Kopf damit. Dies war eine Geste, die ich später immer wieder gesehen habe. Die Berührung mit dem Foto des Dalai Lama soll nach allgemeinem Glauben segensreiche Wirkung haben. Was mich dann peinlich berührte, war, daß der alte Mann – offensichtlich im Glauben an meine besondere Nähe zum Dalai Lama – meine Hand mit einem Ausdruck der tiefsten Ehrerbietung küßte.

Vor einigen Jahren traf ich in der Nähe Darjeelings in Indien einen Mönch, der 13 Jahre, drei Monate und drei Tage in einer Höhle meditiert hatte. Er war Mitglied der Kagyü-Sekte, die im 11. Jahrhundert von Marpa gegründet worden war. Der 83jährige wurde von seinen Anhängern wie ein Heiliger verehrt. Als ich ihn fragte, was man für Tibet tun könne, antwortete er: „Wir können nichts machen, es ist das Karma. Ich bete für Tibet.“

In der historischen Konzeption der Buddhisten ist das Karma, also die Abwägung guter und schlechter Taten

in der Vergangenheit und ihrer Auswirkungen auf die Gegenwart und Zukunft, nicht eine individuelle Angelegenheit, sondern eine Sache, die das ganze Volk betrifft. Das Karma, d. h. die Ansammlung guter und schlechter Taten von Generationen in früheren historischen Epochen, hat einen unausweichlichen Einfluß auf die Geschicke der Gegenwart und auf die Zukunft.
Das einzige, was Sinn habe, sei, für Tibet zu beten, war auch der Kommentar eines hochrangigen früheren Mitarbeiters des 1989 verstorbenen Panchen Lama. Die Lebensbedingungen der Tibeter in ihrem Land seien sehr schlecht. Die Chinesen lögen ununterbrochen. Man könne ihnen nicht trauen. Die einzige Lösung für Tibet sei die volle Unabhängigkeit, die Autonomie würde nichts bringen. Die Chinesen hätten auch das 17-Punkte-Abkommen von 1951 nicht eingehalten. Tibet sei 1959 von den wichtigen Staaten der Welt, insbesondere den USA und England, auf die man gehofft habe, im Stich gelassen worden. Sie sähen nur ihre eigenen Interessen. Tibet sei unabhängig gewesen. Aber es wäre wohl besser gewesen, Anfang der 40er Jahre die Engländer in Tibet einmarschieren zu lassen und zur britischen Kolonie zu werden. Wie die anderen früheren britischen Kolonien wäre dann Tibet heute frei. Er habe lange für den Panchen Lama gearbeitet. Dieser hätte nicht alles sagen können, was er wollte. Immerhin sei auf seine Veranlassung Tibetisch in den Schulen wieder eingeführt worden.
Der frühere amerikanische Präsident Carter habe bei einem Besuch Lhasas mit dem Panchen Lama gesprochen. Bundeskanzler Kohl habe auch ein solches Gespräch mit dem Panchen Lama gewünscht, als er nach Lhasa reiste. Dies sei aber von den Chinesen verweigert worden.
Das Tashilunpo-Kloster in Shigatse, früherer Sitz des Panchen Lama, hat wieder 900 Mönche. Peking erlaubt

nicht mehr. Die chinesischen Behörden, die Tibet verwalten, müssen vor jeder Ordination eines Mönches oder einer Nonne ihre Zustimmung geben.
Auf Weisung Pekings werden im Augenblick überall in Tibet sozialistische Umschulungskurse durchgeführt. Marxistisch-leninistische Phrasen müssen auswendig gelernt werden. Hauptinhalt der Kurse sind jedoch Propaganda gegen den Dalai Lama und der Nachweis, was dieser für ein schlechter Mensch sei. Auch müssen die Menschen lernen, wie sie sich gegenüber den „Separatisten, die von außerhalb kommen", verhalten sollen. Die Kurse dauern bis zu drei Wochen. Sie sollen die gesamte Bevölkerung erfassen. Auch Nomaden müssen daran teilnehmen und natürlich die Mönche.
Trotz aller dieser Bemühungen sind bereits ganz kleine Kinder glühende Verehrer des Dalai Lama, ohne daß sie wirklich wissen können, worum es geht. Grund für den starken Glauben der Tibeter ist die überragende Persönlichkeit des Dalai Lama. Ohne ihn wäre die Situation wohl ganz anders.
Der Potala-Palast und der Jokhang-Tempel werden von den Chinesen „restauriert". Dies bedeutet, daß zumindest 20 Prozent der guterhaltenen baulichen Substanz zertrümmert wurden, daß die meist prachtvollen Fresken der Buddhas und Bodhisattvas zerstört wurden, um wiederaufbauen, modernisieren und neu malen zu können. Ich fragte nach, was mit dieser destruktiven Renovierung beabsichtigt sei. Wollten die Chinesen den Palast des Dalai Lama und den heiligsten Tempel Tibets sinisieren? War beabsichtigt, diese für die Tibeter heiligsten Bauwerke, die selbst die Kulturrevolution intakt gelassen hatte, zu schänden? Mir wurde in trauriger Resignation geantwortet, genau dies dürfte der Fall sein. Auch seien die Chinesen in ihrer materialistischen Weltsicht darauf versessen herauszufinden, was hinter

den jetzt zerstörten Mauern verborgen sei, was die Heiligkeit und spirituelle Stärke, die ihre Resonanz in der starken Gläubigkeit der Tibeter findet, ausmacht. Die Zerstörungen am Potala-Palast und am Jokhang-Tempel sezieren gewissermaßen die großartigsten baulichen Manifestationen der Spiritualität der Tibeter.
Doch überall ist die Hoffnung spürbar, daß sich die Situation bald ändern werde. Viele Tibeter äußern sich dahingehend, daß in einem Jahr Tibet unabhängig sein könne – für uns westliche Besucher eine allzu optimistische Sicht.
Ich wußte zunächst nur wenig über die grundlegenden spirituellen Fragen der buddhistischen Lehre, insbesondere des Strebens nach dem Nirwana und der Erleuchtung, die wohl im Zentrum allen spirituellen Bemühens der Buddhisten steht.
Bei einem Treffen in Dharamsala bat ich den Dalai Lama zum Abschluß meiner vielen Fragen über Religion und Politik in Tibet, mir das Konzept der Erleuchtung im tibetischen Buddhismus zu erklären. Der Dalai Lama antwortete: „Erleuchtung bedeutet, alles zu wissen."
Ich wandte ein: „Dieses Privileg werden wohl nur sehr wenige Menschen haben."
Der Dalai Lama lächelte und fuhr fort: „Die Beschaffenheit des Verstandes ist mit viel Irrtümlichkeit behaftet, weil der Verstand aus miteinander verbundenen Kraftquellen besteht. So, sehen Sie, wird die Beschränkung des Verstandes vermindert, alle Sinnesorgane oder der Verstand durch das erscheinende Licht zusammengeschlossen. Ich sage Sinnesorgane, denn sehr viel hängt vom groben Physischen ab. Daher gibt es eine physische Beschränkung, wo physische Energie wirkt. Die Sehkraft ist auf nur eine bestimmte Entfernung beschränkt. Da der Verstand weiter gehen kann, hängt er

nicht von diesen Organen ab. Er ist viel subtiler, er kann viel weiter gehen. Dieser rohe Verstand hängt vom Gehirn ab. Daraus ergibt sich eine weitere Beschränkung. Dann, sehen Sie, wird der Verstand immer unabhängiger und überwindet alle diese Hindernisse. Dann gibt es in der mit Verstand begabten Natur eine Spannung, einen Drang, zu wissen, Wissen zu erfahren. Der Drang, zu wissen, ist groß. Dann, sehen Sie, ist das Hindernis beseitigt. Man braucht keine Mühe aufzuwenden, um diesen Drang, die Kraft, zu wissen, zu verstärken. So lange das Hindernis weggeräumt ist, bleibt die Macht, die Kraft des Wissens gegenwärtig. Erleuchtung bedeutet also die völlige Läuterung von der Verdunklung des Geistes. Wenn die Hindernisse entfernt sind, wird der Verstand allwissend, ich meine, er ist in der Lage, alles zu wissen."

Ich fragte weiter: „Ist es nur für Buddhisten möglich, diese Stufe der Erkenntnis zu erreichen, oder auch für Christen oder vielleicht für Muslime?"

Der Dalai Lama antwortete: „Dies sind Religionen, die einen Schöpfer akzeptieren. Das bedeutet dann Schöpfer und Schöpfung. Ich denke, es gibt da verschiedene Aspekte. Der Schöpfer weiß natürlich alles und die Schöpfung, die er geschaffen hat . . ." Der Dalai Lama überlegte eine Weile: „. . . jedenfalls wenn wir in den Himmel kommen oder in die Nähe Gottes kommen, dann glaube ich, nehmen wir gemeinsam teil an einer umfassenden Erkenntnis."

Hoffnung auf eine Wende

„Die Lehren von Buddha, von Jesus besagen, daß durch Praktizieren der Religion universaler Frieden erreichbar ist. Einen Feind zu haben, bedeutet die Feinde zu vermehren.“

Thupten Phuntsok, Abt des Nechung-Klosters
(Sitz des Staatsorakels von Tibet)

Strahlkraft des Geistes und des Willens

Jakob Burkhardt hat vor 120 Jahren in seinen „Weltgeschichtlichen Betrachtungen" sogenannte „historische Krisen" beschrieben, wo „der Weltprozeß plötzlich in furchtbare Schnelligkeit gerät; Entwicklungen, die sonst Jahrhunderte brauchen, scheinen in Monaten und Wochen wie flüchtige Phänomene vorüberzugehen und damit erledigt zu sein". Er hat dafür das Wort vom „überwältigenden Wind der Veränderung" geprägt.
Herbert Kremp kommentiert in seinem Buch „Wir brauchen unsere Geschichte" den Widerspruch zwischen Oswald Spenglers Geschichtsphilosophie und Toynbees Überlegungen. Er schreibt: „Die Kulturen der Menschheit, so der englische Historiker, seien nicht dem fatalen Zyklus des Organischen unterworfen, sondern bildeten eine Antwort der Freiheit auf Herausforderungen der Umwelt. Ihr Untergang habe nicht biologische Gründe, sondern sei Folge der nachlassenden Strahlkraft des Geistes und des Willens. Kulturen seien weder determiniert noch monadenhaft gegeneinander abgeschlossen. In zerrütteten Gesellschaftskörpern träten geistige und religiöse Bewegungen auf, entschlossen, eine epochale Antwort auf die Herausforderung ihrer Zeit zu geben. Unter Kämpfen und Opfern entstehe das Neue. Dies sei aus den Geschichtsverläufen herauszulesen."
Weiterhin führt Kremp aus: „In der spirituellen Natur des Menschen kann wie in der Physik das Gesetz des Horror vacui herrschen, dann strömt zu bestimmter Zeit ein, was herrisch Glauben fordert."
Mao Tse-tung scheint sich sehr wohl bewußt gewesen zu sein, daß die von ihm und der kommunistischen Partei Chinas geschaffenen Strukturen und die neue Gesell-

schaft der Volksrepublik gleichfalls den Makel der Vergänglichkeit in sich bargen. Ein Ausspruch, den Peter Scholl-Latour in seinem 1990 erschienenen Buch „Der Wahn vom Himmlischen Frieden" wiedergibt, wird Mao Tse-tung zugeschrieben: „Ich bin nur ein armer Mönch unter einem zerlöcherten Regenschirm." Dieser Ausspruch scheint eine taoistisch-buddhistische Grundüberzeugung widerzuspiegeln.

Wir können davon ausgehen, daß Denkstrukturen und Verhaltensschemata in China weiterhin unter dem Einfluß der großen Religionen und Weltanschauungen des Reiches der Mitte stehen, nicht nur des Buddhismus, sondern auch des Taoismus und der Lehre des Konfuzius. Es besteht eine Beziehung zwischen Religion und Politik.

Der Dalai Lama schreibt in seiner Autobiographie über eine Begegnung mit Mao Tse-tung in Peking, Mao habe geäußert: „Tibet ist ein großes Land. Ihr habt eine wunderbare Geschichte. Vor langer Zeit habt ihr sogar einen großen Teil Chinas erobert. Aber jetzt seid ihr zurückgeblieben, und wir wollen Euch helfen. In 20 Jahren werdet ihr uns wieder übertroffen haben, und dann seid ihr an der Reihe uns zu helfen." Der Dalai Lama konnte kaum seinen Ohren trauen, als er dies hörte. Er glaubte jedoch, daß Mao Tse-tung dies aus Überzeugung sagte und nicht aus Effekthascherei.

Wenn wir heute, zwar nicht 20 sondern 40 Jahre nach Mao Tse-tungs Prognose, die Situation Chinas und Tibets betrachten, scheint Mao recht zu behalten, jedenfalls was die Notwendigkeit der spirituellen Hilfe für China betrifft in Anbetracht jenes Vakuums, das durch das Scheitern der Ideologie des Marxismus-Leninismus und des Gedankengut Mao Tse-tungs verursacht wurde.

Mich hat die Analyse epochaler Umbrüche und politischer Veränderungen fasziniert, und ich versuchte, ihren Ursachen weiter nachzugehen. Vor allem war mir daran gelegen, mehr Erkenntnisse über einen möglichen Einfluß des tibetischen Buddhismus auf die künftige politische Entwicklung in China zu sammeln, von der wiederum das Schicksal Tibets abhängen dürfte.

Sehnsucht nach Freiheit und kosmologische Fügung

Nach tibetischer geschichtsphilosophischer Tradition sind es kosmologische Kräfte, durch welche die Geschichte bestimmt wird. Als entscheidend für den Lauf der Dinge gilt das Karma, d. h. das Abwägen guter und böser Taten nicht nur von Individuen, sondern von Völkern über Epochen hinweg.

Die plötzliche Befreiung eines Landes nach jahrzehntelanger Unterdrückung, die uns wie ein Wunder erscheinen muß (so etwa der damalige Präsident Havel zum Fall der Tschechoslowakei) oder die religiösen Menschen im Westen wie eine Gnade Gottes erscheinen mag, wird von den Buddhisten als kosmologische Fügung auf Grund der Ansammlung guten Karmas angesehen.

Das „Far Eastern Economic Review" berichtete, daß einige der Demonstranten auf dem Platz des Himmlischen Friedens in Peking im Mai und Anfang Juni 1989 kurz vor den grausamen Massakern der chinesischen Volksarmee uralte mahayana-buddhistische Rituale praktizierten, die bei Opfern gebräuchlich waren.

Von tibetischen Autoren wird in dem 1990 erschienenen Sammelband „Tibet, the Facts" eine interessante Ansicht vertreten. Demnach soll durch die Demonstrationen tibetischer Studenten auf dem Tiananmen-Platz gegen das brutale Vorgehen und den Gebrauch der Schußwaffe durch die chinesische Polizei in Lhasa und die anschließende ausführliche Berichterstattung in den chinesischen Medien eine Art auslösendes Element geschaffen worden sein. Eben hierdurch sei ein aufgeregtes und kritisches Bewußtsein verschiedener chinesischer Studenten und anderer Menschen herbeigeführt worden. Dieses Bewußtsein könnte dazu beigetragen haben, daß die Chinesen kritischer wurden und bereit waren zu handeln.

Hatte dieser Geist von Tiananmen Auswirkungen auf die Freiheitsbewegung in Osteuropa? Gab es Analogien in den Verhaltensweisen?

Teilnehmer an den Demonstrationen in Leipzig im Oktober und November 1989, Auslöser für den Zusammenbruch von Honeckers Regime, berichteten von einem „inneren Zwang“, der sie bewegt habe, oft von weither aus der sächsischen Provinz nach Leipzig zu fahren und an den Protesten teilzunehmen. Sie taten dies ungeachtet der drohenden Gefahr, daß Sicherheitskräfte – wie zuvor in dem von der DDR-Führung gelobten Massaker auf dem Tiananmen-Platz in Peking vom Juni 1989 – auf sie das Feuer eröffnen könnten. Eltern ließen, als sie zu den Demonstrationen eilten, ihre Kinder allein zurück, ungewiß, ob sie diese jemals wiedersehen würden.

Die Sehnsucht nach Freiheit, diesem existentiellen Recht jedes Menschen, scheint weiterzuwirken. Nach dem Zerfall der Sowjetunion und Jugoslawiens, deren Kohärenz auf Zwang beruhte, erstreben mehr und mehr Territorien überall in der Welt Selbstbestimmung, Autonomie oder Unabhhängigkeit. Es geht hierbei durchaus um Werte, gut und böse spielen eine Rolle.

Geistige Führung in der Politik erweist sich in den Regionen, die nach Freiheit streben, für die Weichen, die gestellt werden müssen, von besonderer Bedeutung. Doch im Taumel der Begeisterung über die neu gewonnene Freiheit können auch allzu euphorische Beurteilungen oder Übertreibungen entstehen. So kommen jedenfalls gewisse westliche Denkschulen zu ganz anderen Schlüssen als die buddhistische Geschichtsphilosophie. Francis Fukuyama etwa, der frühere stellvertretende Leiter des Planungsstabs des Außenministeriums der USA, verkündete 1990, daß mit dem von ihm als endgültig angesehenen Sieg der liberalen Demokratie das „Ende der Geschichte" gekommen sei:

„Wir erleben gegenwärtig wohl nicht nur das Ende des kalten Krieges oder den Abschluß einer besonderen Periode der Nachkriegsgeschichte, sondern das Ende der Geschichte selbst: das heißt den Endpunkt der ideologischen Entwicklung der Menschheit und die universale Herrschaft westlich-liberaler Demokratie als endgültiger Regierungsform des Menschen."

Diese Feststellung scheint außerordentlichen Optimismus widerzuspiegeln. Es ist fraglich, ob sie weitsichtig ist. Fukuyamas Methodik beruht allein auf einer westlichen, ja eurozentristischen Denkweise in enger Anlehnung an einen deutschen Philosophen der ersten Hälfte des 19. Jahrhunderts, Georg Friedrich Hegel. Die Wirklichkeit, ja die Weltgeschichte, dürfte aber komplexer sein, als dies vor 160 Jahren ersichtlich war. Auf jeden Fall erscheint es hilfreich, nicht nur europäische, von cartesianischer Weltsicht geprägte Denkschulen zu berücksichtigen, sondern auch östliche Denkschulen, so etwa die buddhistische Philosophie. Eines der Hauptprinzipien der buddhistischen Philosophie liegt in der Aussage, daß alles ständig in Bewegung ist. Dies entspricht dem „Panta rhei" (alles fließt) der griechischen Philosophie.

Demnach ist Skepsis angebracht, heute vom Ende der Geschichte zu reden, auch wenn das westliche System der liberalen Demokratie weltweit zu triumphieren

scheint und auch von den unterdrückten Völkern – einschließlich der Tibeter und des Dalai Lama selbst – als „bestes" Regierungssystem angestrebt wird.
Ich fragte den Dalai Lama, ob es auch nach der buddhistischen Lehre die Vorstellung von der Möglichkeit unerwarteter politischer Veränderungen auf Grund einer Art kosmologischen Fügung, ähnlich dem Konzept von der göttlichen Gnade, gebe. Der Dalai Lama entgegnete:
„Ja, es gibt diesbezügliche Hinweise. Auf jeden Fall ist jetzt für Tibet die dunkelste Periode vorüber. Ich glaube, in naher Zukunft werden glücklichere Tage kommen. Im Augenblick jedoch werden in China selbst und in Tibet die Einschränkungen für die Menschen wieder härter. 1990 brachten die Chinesen Panzer nach Tibet. Bisher hatten sie nur gepanzerte Fahrzeuge. In einem vertraulichen Dokument der chinesischen Regierung heißt es, daß die Besatzungsarmee in Tibet verstärkt werden soll."
Einige Zeilen in der Autobiographie des Dalai Lama bestimmen deutlich die Antriebskräfte der Sehnsucht nach Freiheit:
„Wir alle suchen Glück und bemühen uns, das Leid zu vermeiden. Wir haben die gleichen Grundbedürfnisse und Sorgen. Außerdem wollen wir Menschen alle Freiheit und das Recht, unser eigenes Schicksal als Individuen zu bestimmen. Dies entspricht der menschlichen Natur. Die großen Wechsel, die überall stattfinden, von Osteuropa bis Afrika, geben hiervon in deutlicher Weise Zeugnis."

Strategien für die Wende

Der Dalai Lama sagte mir auf meine Frage nach einer Strategie, um Denken und Vorstellungen der jetzigen und künftigen Machthaber in China zu beeinflussen: „Ich sehe innerhalb der kommenden fünf bis zehn Jahre eine bedeutsame Wende in China. Einige der chinesischen Studentenführer, die jetzt in freien Ländern leben, denken genauso. So wird ganz bestimmt die gegenwärtige Situation, geprägt durch die Denkschule der ‚Hardliner', einem Wandel unterworfen sein. Alle osteuropäischen Länder haben sich vollkommen verändert. Die Sowjetunion selbst unterliegt einer sehr raschen Veränderung. So wird auch China, eine große Nation, die sich in einer schwierigen Situation befindet, sich keinesfalls dem Wandel entziehen können."

Auf die Frage nach den Werten, die das mit der Krise des Marxismus-Leninismus auch in China entstandene Vakuum füllen könnten, ergänzte der Dalai Lama:

„Bei Tausenden und Abertausenden chinesischen Jugendlichen herrscht im Augenblick große Verwirrung. Ihr Streben richtet sich in besonderem Maß darauf, mehr Geld zu verdienen und reich zu werden. Wenn diese Bedürfnisse erst einmal mehr oder weniger befriedigt sind, dann wird ihnen natürlich zum Bewußtsein kommen, daß etwas fehlt. Vor kurzem glaubten sie, daß Kommunismus alles bedeutet. Und jetzt ist diese Ideologie komplett zusammengebrochen. Die Jugend Chinas hat ihren Glauben an den Kommunismus verloren. Daher wird eine andere Ideologie oder Philosophie, die noch nicht präsent ist, kommen und bleiben."

Schließlich sagte er zur künftigen Rolle des Buddhismus in China:

„Während vieler Jahrhunderte hatte der Buddhismus in China größten Einfluß. Somit wird er viel leichter wiedererstarken können."

Der Vorgänger des 1989 verstorbenen Panchen Lama habe in Peking eine Kalachakra-Initiierungszeremonie vollzogen. Wenn er das gleiche täte, wäre dies nicht ohne Präzedenzfall. Seine Sorge und sein Bemühen umfasse für ihn als buddhistischen Mönch alle menschlichen Wesen, ja alle fühlenden Wesen. Alle menschlichen Wesen wünschten sich Freiheit und das Recht, über ihr eigenes Schicksal als Individuen zu bestimmen. Der Dalai Lama hatte 1953 die Kalachakra-Initiierung von seinem Lehrer Ling Rinpoche erhalten. Es handelt sich dabei um eine der wichtigsten tantrischen Initiierungen. Die Tibeter glauben an ihre besondere Bedeutung für den Weltfrieden. Sie wird vor großer Zuhörerschaft durchgeführt. Dazu muß aus gefärbten Sandkörnern ein großes Mandala geformt werden. Seine Bedeutung liegt darin, daß es – obwohl zweidimensional – ein dreidimensionales Symbol repräsentiert. Der Dalai Lama schreibt in seiner Autobiographie, daß er bei dieser Initiierungszeremonie ganz besonders ergriffen war. Im nachhinein sah er dies als günstiges Zeichen und Vorgefühl dafür an, daß er in der Tat mehr Kalachakra-Zeremonien vollziehen werde als jeder seiner Vorgänger, und dies überall in der Welt. Bis zum Sommer 1992 waren es bereits 16 solche Kalachakra-Initiierungen.

Tibets Staatsorakel und der Einfluß der Religion auf die Politik

Der Sitz des Staatsorakels, das Nechung-Kloster in Dharamsala, ist das Zentrum der Lehre von Abhidharmakosa, d. h. der Kosmologie der Metaphysik. Die wörtliche Übersetzung ist: „Schatzkammer der besonderen Lehre."

Das ursprüngliche Nechung-Kloster steht bei Lhasa in Tibet. In Dharamsala wurde nach der Flucht des Dalai Lama aus Tibet ein neues Kloster errichtet.

Der Abt Thupten Phuntsok sagte mir, die Chinesen hätten behauptet, es sei ihnen gelungen, das Nechung-Kloster in Lhasa komplett zu zerstören. Es sei in dieser Zeit schwierig gewesen, verläßliche Nachrichten aus Tibet zu bekommen. Die Tibeter bauten daraufhin ein neues Nechung-Kloster in Dharamsala. Die Rituale des Klosters haben eine besondere Bedeutung. Es sind hauptsächlich Rituale aus der Gelugpa-Tradition. Viele Mönche christlicher Orden kamen, um diese Rituale zu studieren.
Der Abt erklärte mir die Bedeutung des Staatsorakels für die Tibeter. Im Orakel teile sich Dhammapala, der Beschützer der Religion, mit. Man könne das Orakel zu Dharma-Praktiken (Dharma = buddhistische Lehre) und auch zu religiösen Fragen konsultieren. Das Orakel sei für die Gläubigen da. Religiöse und politische Fragen seien oft vermischt, sie seien voneinander abhängig. Daher hätten die Voraussagen des Orakels auch einen Einfluß auf politische Angelegenheiten.
Der Abt entgegnete auf meine Nachfrage zum Einfluß der Religion auf die Politik in Tibet:
„Die buddhistische Lehre hat großen Einfluß auf die Politik. Die Grundidee ist, den Zustand des Glücks zu fördern und den Zustand des Unglücklichseins zu vermeiden. Um Glück zu erreichen, müssen gute Taten vollbracht werden, müssen sich gute Taten ansammeln. So wie jedermann Glück erstrebt, suchen auch die Chinesen das Glück. Auch wenn die Chinesen die Tibeter erniedrigen, haben die Tibeter den Wunsch, den Chinesen zu helfen. Die Chinesen haben kein gutes Karma geschaffen, das Resultat ihrer Taten ist jetzt negativ. Der Kampf zwischen Tibetern und Chinesen dauert an, nicht weil die Chinesen schlechte Qualitäten haben, sondern weil sie eine sehr schlechte Politik gegen die Tibeter verfolgen. Die buddhistische Lehre zeigt uns die richtigen Verhaltensweisen.

Die Chinesen respektieren die zehn Gebote nicht. In Ostdeutschland gab es die gleiche Problematik. Die Menschen mußten den Geboten des Kommunismus gehorchen. Der Weltfrieden kann nur durch Religion erreicht werden. Sogar die geringste Verhaltensform ist durch die Religion vorgegeben. Die Bewohner der DDR hatten eine klare Vision vom Glück, sie wollten sie für sich verwirklichen. Durch dieses Streben kann eine friedliche Welt geschaffen werden.

Die Lehren von Buddha, von Jesus besagen, daß durch Praktizieren der Religion universaler Frieden erreichbar ist. Einen Feind zu haben, bedeutet die Feinde zu vermehren. Wenn die Chinesen mich getötet hätten, wäre ich nicht wirklich getötet worden, sondern lediglich mein äußerer Körper. Wenn ich von chinesischen Händen sterbe und dann wiedergeboren werde, würde das gleiche Gefühl des Hasses weiterhin vorhanden sein.

Der Panchen Lama ist 1989 gestorben. Wir glauben alle, daß er wiedergeboren werden wird. Wir wissen alle, daß im nächsten Panchen Lama das gleiche Gefühl gegenüber den Chinesen fortbestehen wird. Nach der Folter eines Gefangenen werden doch sein Geist und seine Gesinnung dieselben bleiben, wenn der Gefangene es nicht selbst anders wünscht. Das wichtigste Mittel, um den Geist und die Gesinnung zu kontrollieren, ist die Religion.

Das Staatsorakel sagt, daß es negative Auswirkungen haben wird, wenn die Menschen die ganze Zeit unheilvolle Handlungen begehen, daß jedoch ein gutes Karma erreicht werden kann, wenn sich gute Handlungen ansammeln.

Der Unterschied zwischen den Bevölkerungen Tibets und Chinas ist vergleichbar dem zwischen einer Ameise und einem Elefanten. Es ist so, daß die Chinesen schweigend fortgehen müßten. Die Tibeter haben hinter sich die Wahrheit. Darum müssen die Chinesen so laut sprechen. 1959 haben die Chinesen gesagt, daß Indien und China Brüder seien. 1962 griffen sie Indien an. Heute sind in der Tibet-Frage alle Nationen gegen China."

Die Tibetpolitik Chinas

„Von Westen nach Osten ziehen die Wolken am Himmel, Flecken sind auf meinem Gewand, die Wolken werden verschwinden, die Flecken werden bleiben."

Tibetisches Volkslied

Eine Schlacht verloren

Als Mao Tse-tung einen Bericht über die Unruhen vom März 1959 in Lhasa erhielt, in dem behauptet wurde, daß die Ordnung wiederhergestellt sei, fragte er nach dem Schicksal des Dalai Lama. Als ihm berichtet wurde, diesem sei die Flucht gelungen, rief er aus: „In diesem Fall haben wir eine Schlacht verloren."

Wer über den Khunjerab-Paß von Pakistan ins chinesische Sinkiang reist, erhält in einem Informationsbüro an der Grenze eine Fülle von Informationsmaterial über Tibet. „Freiheit des religiösen Glaubens in Tibet", „Der Dalai Lama und das 17-Artikel-Abkommen", „Zahlen und Fakten über die Bevölkerung in Tibet", „Ein Vor-Ort-Bericht aus Tibet", „Bericht über 4 Dekaden des Aufbaus im Neuen Tibet" und „Altes, jedoch kraftvolles Land auf dem Dach der Welt", letzterer Prospekt mit einem Foto von Bundeskanzler Kohl und seiner Frau beim Besuch in Lhasa, 1987.

In diesen Schriften wird weit in die Vergangenheit ausgeholt, um die chinesische Position, daß Tibet Teil Chinas sei, zu rechtfertigen. Im Jahre 641 unserer Zeitrechnung habe die chinesische Prinzessin Wencheng aus der Tang-Dynastie den tibetischen König Songtsan Gambo geheiratet. Als sie in Tibet ankam, habe sie eine Statue Shakyamunis, eine Sammlung buddhistischer Schriften wie auch Künstler und Handwerker mitgebracht. Diese Geschenke seien ein wichtiger Beitrag zur Entwicklung der tibetischen Kultur gewesen.

Später habe dann eine andere chinesische Prinzessin, Jincheng, den Tubo-Führer Tride Tsugden geheiratet. Seit dieser Zeit seien die Beziehungen zwischen den Nationalitäten der Han (d. h. der Chinesen) und der Tibeter enger und enger geworden.

Seit 1264, als der Kaiser Kublai Khan den Tibeter Phagpa zum „Königlichen Berater“ ernannte und ihn mit der Verantwortung für Tibets religiöse Angelegenheiten betraute, hätten enge Beziehungen zwischen Politik und Religion bestanden. Nachfolgende chinesische Regierungen während der Yuan-, Ming- und Qing-Dynastien seien Kublai Khans Beispiel gefolgt, buddhistische Führungspersönlichkeiten als effektivster Form der Regierung für Tibet einzusetzen. Daher sei seit 700 Jahren politische und religiöse Autorität in denselben Händen konzentriert gewesen.
Dann wird in dem Prospekt eine Wandmalerei aus dem Sakya-Kloster in Tibet abgebildet, auf dem der 5. Dalai Lama während eines Besuchs bei Kaiser Shunzhi in Peking im Jahre 1652 zu sehen ist.
Die Argumentation geht in der Art weiter, daß durch die enge Verbindung von weltlicher und religiöser Herrschaft der Buddhismus an Reinheit verloren habe und es zu Exzessen, wie der Leibeigenschaft von Hunderttausenden, gekommen sei.
Erst die „friedliche Befreiung“ von 1951 und die „demokratische Reform von 1959“ habe dann Tibet durch das Zerbrechen des alten Systems die wirkliche Freiheit gebracht und eine neue Epoche beginnen lassen.
In der Broschüre „Freiheit des religiösen Glaubens in Tibet“ heißt es: „Es kann nicht abgestritten werden, daß die Religionspolitik in Tibet wie in anderen Gegenden des Landes durch die ‚Kulturrevolution‘ (1966 bis 1967) zerstört wurde. Nach dieser Turbulenz haben die Chinesische Kommunistische Partei und die chinesische Regierung allmählich den Fehler korrigiert und verschiedene politische Maßnahmen ergriffen, einschließlich der Freiheit des religiösen Glaubens.
Im Augenblick gibt es mehr als 1400 Klöster und Orte für religiöse Aktivitäten, mit ca. 34 000 Lamas und

Nonnen, welche mehr oder weniger den normalen religiösen Bedürfnissen der monastischen und säkularen Massen entsprechen dürften."
Leider ist die Zahl der Klöster, Mönche und Nonnen weit übertrieben. Es gibt nicht mehr als einige hundert Klöster und mehrere tausend Mönche und Nonnen.
Vor 1959 lebten 114 000 Mönche und Nonnen in 2700 Klöstern und Tempeln. Nach den „demokratischen Reformen" reduzierte sich die Anzahl auf 6900 Mönche in 550 Klöstern. Nach den Wirren der Kulturrevolution zwischen 1966 und 1978 blieben nur noch acht Klöster mit 970 Mönchen übrig.
In einem anderen Traktat: „Der Dalai Lama und das 17-Punkte-Abkommen" wird in einer Geschichtsklitterung versucht vorzuspiegeln, daß der Dalai Lama 1951 dem 17-Punkte-Abkommen zugestimmt habe, in dem die Souveränität Tibets aufgegeben wird. Diese angebliche Zustimmung war aber durch Gewalt erzwungen worden. Der Dalai Lama sagte mir dazu:
„Aufgrund des 17-Punkte-Abkommens von 1951, das nicht freiwillig, sondern unter Zwang unterzeichnet wurde, konnte sich China das gesamte Tibet einverleiben. Hier gibt es Ähnlichkeiten zwischen der Annektion der baltischen Staaten und derjenigen Tibets."
Nach dem Ende der Kulturrevolution und nach Mao Tse-tungs Tod verbesserte sich mit der allmählichen Machtübernahme Deng Xiaopings seit Ende der 70er und Anfang der 80er Jahre die chinesische Politik in Tibet. Hu Yaobang besuchte Tibet. Unter den lokalen Funktionären war er bald gefürchtet, da er niemals im voraus sein Besuchsprogramm für den jeweiligen Tag bekanntgab, sondern ohne vorherige Ankündigung bei den verschiedenen Behörden in Lhasa und in der Provinz erschien. Hu Yaobang zeigte sich über die Lebensbedingungen der Tibeter schockiert und fragte, ob man

denn die Mengen Geldes, die von Peking hierher geflossen seien, den Fluß hinuntergeworfen habe. Außerdem versprach er die Reduzierung des in Tibet stationierten chinesischen Personals um 85 Prozent. Wie der Dalai Lama in seiner Autobiographie schreibt, hörte man später nur noch wenig über diese Maßnahmen. Hu Yaobangs Aufstieg in der Hierarchie der Mächtigen in China war bald beendet, und er wurde gezwungen, vom Posten des Generalsekretärs der kommunistischen Partei Chinas zurückzutreten. Ihm wurden Vorwürfe wegen seiner „laxen" Politik gemacht, als deren Folge die Studentendemonstrationen vom Dezember 1986 in China anzusehen seien.

Der Dalai Lama gedenkt des inzwischen verstorbenen Staatsmannes wegen seines Mutes, die Fehler der chinesischen Führung in Tibet zuzugeben, heute noch in Dankbarkeit.

Neben Hu Yaobang war hauptsächlich der Vize-Premierminister Wan Li für die kurzlebige positive Wende in der Tibet-Politik verantwortlich. Er hatte 1980 Hu Yaobang beim Besuch Tibets begleitet. 1984 besuchten die Politiker Hu Qili und Tian Jiyun, Protegés von Hu Yaobang und Premierminister Zhao Ziyang, Tibet und bestätigten die neue Tibet-Politik.

Ein Jahr zuvor, 1983 war eine Delegation des RCDS (Ring Christlich-Demokratischer Studenten) unter Leitung des früheren Bundesvorsitzenden Johannes Weberling auf Einladung des allchinesischen Studentenverbandes nach Peking gereist. Ich hatte die Gelegenheit, mit den Mitgliedern der Delegation in Singapur, wo sie einen Zwischenstopp machten, zu sprechen und sie über das Hauptanliegen des Dalai Lama, mit dem ich gerade gesprochen hatte, nämlich die Beachtung der Menschenrechte in Tibet, zu informieren. In der Tat brachte die Delegation das Anliegen in Peking vor. Die

Zeitung „China im Aufbau“ gab im August 1983 ein Interview mit dem Vorsitzenden des RCDS wieder: „China im Aufbau: Wie sind Ihre Erfahrungen mit der Minderheitenpolitik Chinas?
Weberling: Wie Sie sich vielleicht erinnern werden, haben wir vor anderthalb Jahren relativ scharfe Kritik an den Zuständen besonders in Tibet geübt ... Auch der Generalsekretär der KPCh hat ja gesagt, daß in Tibet viele Fehler gemacht worden sind, daß gegen diese Fehler etwas getan werden muß. Wir haben auf unserem Hinflug mit mehreren Tibetern gesprochen, die uns sagten, daß sich etwas zum Positiven bewegt hat. Es ist in Tibet wieder möglich, religiösen Tätigkeiten nachzugehen, und das war vorher nicht möglich ...“
Die Folgerung liegt nahe, daß es 1983 eine starke Pro-Tibet-Lobby in der chinesischen Führung gegeben haben muß. Ansonsten wäre schon der Druck dieser Zeilen niemals möglich gewesen.
In den chinesischen Gefängnissen in Tibet gab und gibt es Ende 1992 immer noch Tausende politischer Gefangener. In diesen Gefängnissen ist tagein, tagaus die Melodie eines alten tibetischen Volkslieds zu hören:
„Von Westen nach Osten ziehen die Wolken am Himmel,
Flecken sind auf meinem Gewand,
die Wolken werden verschwinden,
die Flecken werden bleiben.“
Die Chinesen verstanden und verstehen den „subversiven“ politischen Gehalt dieser Melodie nicht. „Die Wolken werden verschwinden“, mit diesen nach Osten abziehenden Wolken waren und sind die Chinesen selbst gemeint.
Seit 1984 begann – entgegen Hu Yaobangs Ankündigungen, daß 85 Prozent der chinesischen Beamten aus Tibet abgezogen würden – eine Periode massiver chinesischer Siedlung in Tibet.

Die chinesische Siedlungspolitik hat bereits erreicht, daß heute mit rund 7,5 Millionen Chinesen in Tibet diese gegenüber den etwa 6 Millionen Tibetern die Mehrheit bilden. In der Provinz Amdo leben gemäß den chinesischen Statistiken jetzt 2,5 Millionen Chinesen und nur 450 000 Tibeter.
Die brutale, menschenverachtende Kolonialpolitik Pekings, die in systematischer Vergewaltigung 14- und 15jähriger Mädchen durch chinesische Offiziere und in tödlich endenden medizinischen Experimenten an tibetischen Kranken sowie der Sterilisierung der erreichbaren, gebärfähigen Tibeterinnen gipfelt, führte seit 1987 erneut zu Aufständen, die blutig niedergeschlagen wurden.

Die Rolle des Panchen Lama

Über die frühere Stellung des Panchen Lama in Tibet wie über seine Rolle bis zu seinem Tod im Jahre 1989 gab und gibt es widersprüchliche Ansichten.
Er wurde 1938 in dem Dorf Karang Bidho in der Provinz Amdo/Osttibet geboren. Die chinesische Regierung versuchte Zeit seines Lebens – bereits während der Herrschaft der Kuomintang – ihn für ihre Ziele einzuspannen und insbesondere, ihn zu benutzen, um die Autorität des Dalai Lama und dessen Regierung in Tibet zu schwächen.
Dem Rang nach war der Panchen Lama nach dem Dalai Lama der zweithöchste geistliche Würdenträger in Tibet. Sein Sitz war das Tashilunpo-Kloster in Shigatse in Zentraltibet.
Inzwischen bemühen sich die Chinesen, eine von ihnen ausgewählte „Reinkarnation“ des Panchen Lama als legitimen Nachfolger des 1989 verstorbenen Panchen

Lama einzusetzen. Diesem Ansinnen war jedoch bisher kein Erfolg beschert. Die Tibeter lehnen die chinesische Wahl ab, die sie als unqualifiziert ansehen. Auch der Dalai Lama gab seine Zustimmung nicht.
Ich befragte Tibeter in Lhasa und Shigatse. Es wurde übereinstimmend die Meinung geäußert, daß seit dem Tod des Panchen Lama die geistliche und weltliche Autorität des Dalai Lama in Tibet noch stärker geworden sei.
Zu Anfang dieses Jahrhunderts war es den Chinesen gelungen, eine Kluft zwischen dem damaligen 13. Dalai Lama und dem 9. Panchen Lama zu schaffen: Gegensätze bestanden wegen der von der Bevölkerung auf dem Territorium des Panchen Lama an die Regierung des Dalai Lama in Lhasa zu leistenden Steuern. Beamte des Panchen Lama suchten Hilfe in Peking, die tibetische Regierung in Lhasa schickte Truppen nach Shigatse. Der Panchen Lama flüchtete nach China. Die Chinesen suchten hieraus Vorteile zu gewinnen. Sie verhinderten die Rückkehr des Panchen Lama in seine Heimat. Dieser starb 1937 in einem Kloster in Kham.
Im Jahre 1941 wählten Beamte, die Jahre zuvor mit dem Panchen Lama nach China geflüchtet waren, unter drei möglichen Reinkarnationen den dreijährigen Gonpo Tseten als 10. Panchen Lama aus. Dies war ein Verstoß gegen die Prärogative des Dalai Lama bzw. seines Regenten und der tibetischen Nationalversammlung, die Entscheidung über die Auswahl des Panchen Lama zu treffen. 1949 erfolgte die Anerkennung der Reinkarnation durch Tsung-ren, den amtsführenden Präsidenten Chinas.
Im Auftrag Mao Tse-tungs nahm 1949 der Kommandeur der chinesischen Truppen in Lanzhou Kontakt mit dem 11jährigen Panchen Lama auf. Dieser wurde gezwungen, am 1. Oktober 1949, dem Tag der Prokla-

mation der Volksrepublik China, ein Telegramm an Mao Tse-tung zu senden und ihn um die „Befreiung" Tibets zu bitten. Mao Tse-tung antwortete: „Das tibetische Volk empfindet eine große Liebe für das Mutterland. Es widersetzt sich den ausländischen Imperialisten und ist bereit, sich an die neue, geeinte, egalitäre und mächtige Volksrepublik China anzuschließen." Damals war der Panchen Lama weder von der Regierung Tibets anerkannt, noch hatte er irgendwelche geistliche oder politische Autorität in Tibet.

Seit 1951 kultivierte Mao Tse-tung enge Beziehungen zum Panchen Lama, der in Peking lebte. Zu diesem Zeitpunkt erkannte der Dalai Lama auf Bitte einer Delegation von Vertretern des Tashilunpo-Klosters den Panchen Lama als Reinkarnation des verstorbenen 9. Panchen Lama an. Er erhielt den Titel „Tenzin Trinley Jigme Choe-kyi Wangchuk".

Im April 1952 kam der Panchen Lama nach Lhasa und wurde dort von den Volksmassen und auch in den drei Klöstern Sera, Drepung und Ganden mit großer Begeisterung begrüßt.

1956 wurde der Panchen Lama von den Chinesen zum Stellvertretenden Vorsitzenden des Vorbereitenden Komitees der „Autonomen Region Tibet" ernannt. Vorsitzender wurde der Dalai Lama. Nach der Flucht des Dalai Lama im Jahre 1959 nach Indien machten die Chinesen den Panchen Lama zum „Amtierenden Vorsitzenden" Tibets. Ein Jahr später wurde er Stellvertretender Vorsitzender des Nationalen Volkskongresses Tibets. Zu dieser Zeit gab es große Verhaftungswellen in Tibet. China setzte seine „Reformen" durch.

In Anbetracht der Verfolgung vieler seiner Landsleute und der von der chinesischen Besatzung zu verantwortenden Mißstände wandte sich der Panchen Lama 1962 in einer 70 000-Schriftzeichen-Petition an Chou En-lai.

Dieser antwortete ihm, er sei glücklich über seinen Mut und seine Offenheit, wenn es auch Fehler in der Formulierung gebe. Er versprach, daß einigen in der Petition vorgetragenen Punkten entsprochen werden würde.
1964 mußte sich der Panchen Lama auf der 7. Sitzung des Vorbereitenden Komitees der Autonomen Region Tibets heftiger Kritik unterziehen. Er wurde beschuldigt, gegen die Partei, den Sozialismus und das Volk zu sein, und verlor seinen Posten als Vorsitzender des Komitees. In Peking wurde er bis 1965 unter Hausarrest gestellt. Zehn Jahre — von August 1965 bis Ende 1975 — verbrachte er im Gefängnis, wo er auch gefoltert wurde. Mit dem Beginn der Kulturrevolution mußte er an vielen „Kampfsitzungen" teilnehmen, während derer er erniedrigt und geschlagen wurde. 1980 wurde er wieder als Stellvertretender Vorsitzender des Nationalen Volkskongresses der Volksrepublik China eingesetzt. Erst 1982 war ihm vergönnt, Tibet zu besuchen. Es folgten bis zu seinem Tod sieben weitere Besuche. Der Panchen Lama vermied offene Kritik an China und versuchte soviel wie möglich für Tibet zu tun. Es wird seinem Einsatz zugeschrieben, daß inzwischen an den Schulen in Tibet wieder auf tibetisch unterrichtet werden darf.
Der Dalai Lama erwähnt in seiner Autobiographie, daß er 1986, als der Panchen Lama in Australien war, ein langes Telefongespräch mit ihm führen konnte. Er sah den Panchen Lama als einen großen Patrioten.
Am 28. März 1987 hielt der Panchen Lama vor dem „Ständigen Ausschuß des Nationalen Volkskongresses" eine bisher geheimgehaltene Rede, die nur obersten Kadern der kommunistischen Partei Chinas zugängig war. Die Exilregierung des Dalai Lama kam 1991 in den Besitz einer Kopie. Der Text wurde auf englisch veröffentlicht. (Im Anhang ist er auszugsweise wiedergegeben.)

Der Panchen Lama prangert in dieser Geheimrede den systematisch geplanten Genozid der chinesischen Regierung an den Tibetern an. Bezeichnend ist seine Beschreibung von Massakern der Chinesen nicht an Teilnehmern des Aufstands im Jahre 1959, sondern wahllos an der Zivilbevölkerung. Ziel dieser Strategie kann nur gewesen sein, die Zivilisten insgesamt einzuschüchtern und gefügig zu machen.
Traurig stimmen, so der Panchen Lama, die Versuche der Chinesen, die tibetische Religion und die tibetischen Überzeugungen ins Lächerliche zu ziehen. So etwa die Preisverleihung für den Film „Barmherzigkeit ohne Vergeben“ (Compassion without Mercy), ein Wortspiel, durch das offensichtlich versucht wird, den Dalai Lama als Reinkarnation der Gottheit der Barmherzigkeit zu verhöhnen.
Der Panchen Lama ist bemüht, in der Rede zunächst einzulenken, indem er vorgibt, im allgemeinen mit der Politik Chinas übereinzustimmen. Dann aber rechnet er Punkt für Punkt mit den Verbrechen der chinesischen Besatzer ab. Er bewies mit dieser Rede großen Mut.
Im Januar 1989 starb der Panchen Lama während eines Besuchs im Tashilunpo-Kloster in Shigatse, nachdem er erneut in scharfer Weise die chinesische Regierung wegen ihrer Politik in Tibet angegriffen hatte. Er hatte geäußert, daß der Preis, den Tibet für die Entwicklung in den letzten 30 Jahren gezahlt habe, höher gewesen sei als die Gewinne, daß linke Fehler größeren Schaden verursacht hätten als rechte Fehler.
Viele Tibeter glauben, daß der Panchen Lama vergiftet worden ist. Doch es gibt auch andere Berichte, die von einem Herzinfarkt sprechen und von ernsthaften Bemühungen eines Teams von chinesischen Ärzten, ihn zu retten.

Auf Wunsch der chinesischen Führung und durch anfängliche Vermittlung des britischen Botschafters in Peking war es zu ersten Kontakten zwischen der Regierung Deng Xiaopings und dem Dalai Lama gekommen.
Peking hatte drei Delegationen des Dalai Lama den Besuch Tibets ermöglicht. Die Emissäre des Gottkönigs wurden in Tibet mit überwältigender Begeisterung empfangen – sehr zum Befremden Pekings, das sich seiner Kontrolle über Tibet sicher geglaubt hatte.
Die chinesische Regierung gab 1982 ihre Bereitschaft zu erkennen, dem Dalai Lama die Rückkehr zu ermöglichen. Die Bedingungen dafür wurden in mehreren Punkten festgelegt. Punkt 4 besagte:
„Der Dalai Lama wird den gleichen Status und die gleichen Privilegien haben wie vor 1959. Es wird vorgeschlagen, daß er nicht nach Tibet gehen oder dort lokale Stellungen innehaben soll. Natürlich kann er von Zeit zu Zeit nach Tibet zurückkehren. Seine Anhänger brauchen keine Sorgen um ihre Arbeit und ihre Lebensbedingungen zu haben. Diese werden nur besser sein als zuvor."
Der Dalai Lama hatte an der Frage des eigenen Status und der Privilegien kein Interesse. Ihm ging es um Tibet und die Tibeter.
1985 schrieben 91 Mitglieder des US-Kongresses an den Präsidenten des Volkskongresses in Peking, Li Xiannian, und befürworteten darin direkte Gespräche zwischen der chinesischen Regierung und Vertretern des Dalai Lama. In dem Brief werden die Chinesen aufgefordert, den „vernünftigen und gerechtfertigten Bestrebungen des Dalai Lama und seines Volkes zu entsprechen".

Am 21. September 1987 gab der Dalai Lama in seiner Rede im „Capitol Hill“ in Washington den sogenannten 5-Punkte-Plan bekannt. Er forderte:

1. Die Umwandlung ganz Tibets in eine Friedenszone.
2. Das Ende der Bevölkerungsumsiedlung durch China, welche die Existenz der Tibeter als Volk bedroht.
3. Achtung der fundamentalen Menschenrechte und demokratischen Freiheiten des tibetischen Volkes.
4. Wiederherstellung und Schutz der natürlichen Umwelt Tibets und Stopp der Produktion nuklearer Waffen sowie der Lagerung von nuklearem Abfall auf dem Territorium Tibets.
5. Beginn ernsthafter Verhandlungen über den künftigen Status Tibets und über die Beziehungen zwischen Tibetern und Chinesen.

Seit Mitte der 80er Jahre wurde dem Dalai Lama deutlich, daß die chinesische Regierung inzwischen eine Politik der Sinisierung betrieb, die von manchen Kommentatoren als die chinesische Endlösung für Tibet bezeichnet wird.

Zu seinen Initiativen gegenüber China schreibt der Dalai Lama in seiner Autobiographie:

„In meinem Aufruf zu Verhandlungen über den künftigen Status Tibets drückte ich meinen Wunsch aus, die Angelegenheit im Geist der Offenheit und Versöhnung handzuhaben, mit der Aussicht, eine Lösung zu finden, die im langfristigen Interesse eines jeden ist ...“

Nach einer Ansprache des Dalai Lama vor dem Europäischen Parlament im Juni 1988 schien China einzulenken. Der Dalai Lama hatte Zugeständnisse gemacht und lediglich die volle Autonomie Tibets gefordert, während er zustimmte, daß Peking die Zuständigkeit für die Außenbeziehungen und die Verteidigung Tibets behalten könne. Im Herbst 1988 gab Peking bekannt, es sei bereit,

mit dem Dalai Lama die Zukunft Tibets zu diskutieren. Dieses Angebot unterschied sich von früheren dadurch, daß jene lediglich vorsahen, den „Status des Dalai Lama", nicht aber den Status Tibets zu diskutieren.
Der Dalai Lama ernannte eine autorisierte Verhandlungsdelegation. Verhandlungen sollten im Januar 1989 in Genf beginnen. Die Chinesen brachten jedoch immer neue Einwände vor, unter anderem auch gegen die Zusammensetzung der Delegation des Dalai Lama: Sie lehnten ab, daß ein Nicht-Tibeter, der Holländer M. van Walt van Praag, Rechtsberater des Dalai Lama, Mitglied der tibetischen Delegation sein sollte. Peking schien nicht ernsthaft an Verhandlungen interessiert zu sein. In der Tat kam es nicht zu Gesprächen.
Im Frühsommer 1992 trat Peking an Gyalo Thondup, den in Hongkong lebenden ältesten Bruder des Dalai Lama, heran und versuchte, ihn für angeblich neue Vorschläge hinsichtlich Tibets zu gewinnen. Es schien zunächst so, als sei China bemüht, sich durch Unterstützung Thondups und durch die Spaltung der Familie des Dalai Lama Vorteile zu verschaffen.
Dabei insistierten die Chinesen, daß alle Details der Gespräche geheim bleiben müßten. Der Bruder des Dalai Lama trug im August 1992 dem tibetischen Parlament im Exil in einer 10-Punkte-Erklärung die chinesischen Vorschläge vor.
Die Vorschläge liefen im wesentlichen darauf hinaus, Tibet Autonomie zu gewähren, aber nicht die von den Tibetern geforderte Unabhängigkeit. Derzeit wird erwartet, daß die chinesische Regierung eine Delegation des Dalai Lama zu Gesprächen nach Peking einlädt.
Es spricht leider vieles dafür, daß der ganze Vorgang lediglich ein Manöver der Chinesen ist, um von der Kritik der Weltöffentlichkeit an ihrer Kolonialpolitik und an der Verletzung der Menschenrechte abzulenken.

Eskalation der Gewalt

Im September 1987 reagierten die Chinesen auf die Verkündung des 5-Punkte-Friedensplanes durch den Dalai Lama in Washington D. C. mit Schauprozessen und zwei öffentlichen Hinrichtungen in Tibet. Daraufhin kam es in Lhasa zu Demonstrationen. Militär und Polizei machten von der Schußwaffe Gebrauch und feuerten in die Menge. Es gab Tote und Verletzte. Es existieren Videofilme von diesen Vorgängen, die heimlich gemacht wurden.

Im März 1988 griffen chinesische Polizisten das Jokhang-Kloster an und ermordeten mindestens zwölf Mönche. Einem der Mönche wurden die Augen ausgerissen, bevor man ihn vom Dach stieß. Tibeter brannten daraufhin etwa 20 chinesische Läden in Lhasa nieder.

Am 5. März 1989 kam es in Lhasa erneut zu Demonstrationen gegen die Chinesen. Zehntausende Tibeter gingen auf die Straße. Am ersten Tag fotografierten die Chinesen lediglich mit Videoapparaten, am nächsten Tag schossen sie in die Menge. Mindestens 250 Tibeter kamen um, viele wurden verwundet. Die USA, Frankreich und das Europäische Parlament verurteilten Chinas Vorgehen.

Am 8. März 1989 stellte Peking Tibet unter Kriegsrecht. Nur wenige Wochen nach diesem Vorgehen in Lhasa begann der Aufruhr in China, der in der Tragödie des Massakers auf dem Tiananmen-Platz gipfelte.

Der Dalai Lama hält die Niederschlagung der Demokratiebewegung im Juni 1989 auf dem Tiananmen-Platz für nur kurzfristig erfolgreich. Er glaubt, daß die chinesische Regierung durch ihr brutales Vorgehen unter der einfachen Bevölkerung eine die Studenten und deren politische Ziele begünstigende Haltung hervorgerufen hat.

Im Herbst des gleichen Jahres erhielt der Dalai Lama den Friedensnobelpreis.
1991 schenkten die Chinesen zum 40. Jahrestag der „Befreiung“ Tibets dem tibetischen Volk ein Denkmal an einer Straßenkreuzung. Es besteht aus in Bronze gegossenen, überdimensionalen Yaks. Das ist das einzige unpolitische Monument, was unsere Befreier hier errichten konnten, ohne den Volkszorn zu erregen, kommentierte dies mir gegenüber ein junger Tibeter.
Ende Februar 1992 wurde in seiner Mönchszelle im Jokhang-Tempel ein Mönch tot aufgefunden. Er war mit einem Strick erwürgt worden. Es handelte sich nicht um einen unbekannten Mönch. Jampa Tenzin, Aufseher des Jokhang-Tempels, hatte während der Demonstration für die Unabhängigkeit Tibets am 1. Oktober 1987, bei der 32 Tibeter von der chinesischen Polizei erschossen wurden, schwere Brandwunden erlitten. Ein Foto von ihm, auf dem er während des Aufstandes triumphierend die aufgebrachte Menge führte, ging um die Welt.
Nach dem Mord wurden Mönche des Jokhang-Tempels von der Polizei gezwungen, eine Erklärung zu unterschreiben, wonach es sich um „Selbstmord“ gehandelt habe. Nur wenige Tage vor dem Mord sollen die Mönche in den Nachbarzellen von der Polizei den Befehl erhalten haben, in weiter entfernt liegende Zellen umzuziehen. Am Abend vor seinem Tod besuchten ihn Polizisten in seiner Zelle, um ihn zu verhören.
Kurz nach dem Mord an Jampa Tenzin begannen Demonstrationen der Mönche von Sera, Drepung und des Jokhang-Tempels selbst. Die Demonstrationen fanden vor dem Jokhang-Tempel statt. Es nahmen jeweils drei bis vier Mönche teil, die Freiheit für Tibet forderten. Die demonstrierenden Mönche wurden Tag für Tag von den chinesischen Sicherheitskräften verhaftet.

Die Gegend um den Jokhang wurde zeitweilig zur Sperrzone erklärt. Als ich Mitte Mai 1992 auf eigene Faust diese Sperrzone besuchte, war ich der einzige Ausländer.
Vor dem Sera-Kloster hatten Mönche Plakate angebracht, die rasch von der Polizei wieder entfernt wurden. Auf den Plakaten stand geschrieben, daß die Mönche so lange weiterdemonstrieren wollten, bis Tibet frei sei. Es sei ihnen gleichgültig, wenn die Polizei durch ihre Verhaftungen das Kloster leeren würde. Auch die wieder aus der Haft entlassenen Mönche würden weiterdemonstrieren.
In Lhasa sind bereits etwa 650 Mönche und 40 Nonnen inhaftiert. Niemand kennt die genaue Zahl. Es gibt keine ordentlichen Gerichtsverfahren. In den Gefängnissen wird gefoltert.
Es war zu hören, daß es inzwischen in den Gefängnissen von Lhasa keinen Platz mehr gebe für die normalen Verbrecher, da durch die politischen Gefangenen aller Raum belegt sei. Infolgedessen nähmen Kriminalität, Diebstahl und Raub deutlich zu.
„Die Chinesen haben Angst vor den Mönchen." So äußern viele Stimmen in Lhasa.

Verletzung der Menschenrechte in Tibet

Eigentlich alle Besucher, die Tibet verlassen, verlassen es mit einem Gefühl von Traurigkeit. Die Menschenrechte werden in vieler Hinsicht verletzt: Man darf weder Bilder noch Schriften des Dalai Lama mit nach Tibet nehmen. Das Recht auf freie Information ist verletzt. Chinesischen Offizieren ist nicht erlaubt, in den buddhistischen Tempeln zu beten. Sie würden sonst Gefahr laufen, aus der Armee ausgestoßen zu werden.

Dies bedeutet, daß die Religionsfreiheit nicht gewährleistet ist. Doch dies sind nur die weniger schwerwiegenden Verletzungen.

Der Dalai Lama hatte mir bei einem Besuch in Dharamsala im Dezember 1991 nahegelegt, meinen Aufenthalt zu verlängern, damit ich mit einer jungen Tibeterin sprechen konnte, deren Schicksal besonders tragisch war. Das Büro des Dalai Lama arrangierte das Treffen. Ich bat die Tibeterin, mir über die Verletzung der Menschenrechte in Tibet zu berichten. Zunächst antwortete sie nur sehr allgemein:

„Ich bin sehr jung, erst 22 Jahre alt. Ich habe physisch unter den Chinesen gelitten."

Ich fragte weiter, ob sie konkrete Angaben über die Verletzung der Menschenrechte machen könne. Sie erzählte ihre leidvolle Geschichte:

„Die Tibeter wissen sehr gut Bescheid über Folterungen in den chinesischen Gefängnissen in Tibet. Diese Folterungen sind an der Tagesordnung. Ich war 14 Jahre alt, als ich entschied, mich um einen Posten beim Militär zu bewerben, und zwar in der Abteilung, die mit medizinischer Hilfe befaßt ist. Ich habe diesen Bereich ausgewählt, weil ich dort eine sinnvolle Tätigkeit erwartete und weil die Chinesen von gutem Verdienst und Privilegien, auch für tibetische Mitarbeiter, in diesem Sektor gesprochen hatten.

Ich bin ausgewählt worden. Als ich zum Beginn der Ausbildung bei meiner Dienststelle erschien, merkte ich, daß die Wirklichkeit nicht mit dem, was versprochen worden war, übereinstimmte. Unter den neu angestellten Mädchen waren 12 im Alter von 14 und 16 Jahren, alle sehr hübsch. Statt zum Krankenhaus wurden wir in den Wohnbezirk der chinesischen Offiziere gebracht. Ich mußte sofort zu einem der Offiziere gehen, der mich (physisch) mißbrauchte.

Die chinesischen Offiziere sprachen dann die ganze Zeit über Belohnungen, die wir später erhalten würden. Zu dieser Zeit fand eine militärische Konferenz in Lhasa statt. Offiziere waren aus Peking gekommen. So sehr wir auch flehten, niemand hörte auf uns. Sie gaben uns einen Saft, durch den wir betäubt wurden. Anschließend wurde ich wie die anderen Mädchen vergewaltigt. Als wir aus der Betäubung wieder zu uns kamen und merkten, was geschehen war, fühlten wir uns, als ob wir Tiere wären. Die Betten waren mit Blut beschmiert.
Für tibetische Frauen ist eine solche Situation sehr schlimm. Man kann ihr eigentlich nur durch Selbstmord entgehen. Es gab in diesem Raum einen Fruchtkorb mit einem Messer. Ich versuchte mich umzubringen, wurde aber durch einen Wächter gestoppt. Einige der Mädchen, die ebenfalls einen Selbstmordversuch unternommen hatten, und ich selbst wurden ins Hospital gebracht.
Ich lag dort drei Tage und erhielt Bluttransfusionen."
Ich fragte die junge Tibeterin weiter, ob sie nicht die Möglichkeit gehabt hätte, sich irgendwo zu beschweren oder vor einem Gericht zu klagen. Sie entgegnete:
„Vom Anfang an sagten diese Offiziere, daß das mit allen tibetischen Mädchen passiert, daß niemand außerhalb der Kaserne davon weiß und niemand es glauben wird. Eine Beschwerde war nicht möglich, wir durften den Kasernenbereich nicht verlassen. Während etwa sechs Monaten wurden wir jeden Abend um etwa 7 Uhr zusammengerufen und dann unter den Offizieren verteilt.
Es war uns nicht erlaubt, über das, was geschah, zu sprechen. Die Mehrheit der chinesischen Offiziere und auch der chinesischen Ärzte nahm an diesem Mißbrauch teil. Die Absicht war, die tibetische Bevölkerung zu erniedrigen.

Eines der vergewaltigten Mädchen war bereits 4 Monate schwanger, als es zur Abtreibung gezwungen wurde. Im Operationssaal stellte sie fest, daß als Instrument für die Abtreibung eine Art Fruchsaftmixer benutzt wurde. Der zerstückelte Fötus wurde dann Stück für Stück herausgenommen. Dabei waren bereits Teile des menschlichen Körpers zu erkennen.

Ein anderes Mädchen versuchte Selbstmord zu begehen, indem es aus dem Fenster sprang. Sie brach sich ein Bein, das in Gips kam. Als sie im Krankenbett lag und festgestellt wurde, daß sie schwanger war, wurde auch abgetrieben. In diesem Krankenhaus wurden an manchen Vormittagen 20 Abtreibungen vorgenommen.

Nach sechs Monaten kamen wir zwölf Mädchen in einem Zimmer zusammen und berieten, was zu tun sei. Wir entschieden, alle Selbstmord zu begehen, indem wir die weiße ätzende Flüssigkeit tranken, die zur Reinigung von Toiletten benutzt wird. Zwei Mädchen jedoch verließen den Raum. Sicherheitskräfte kamen, und wir wurden in Einzelhaft genommen und tagelang mit Eisenstangen geschlagen. Ich habe davon heute noch Narben. Während all dieser Zeit wurde keinem der Mädchen die beruflichen Kenntnisse vermittelt, wegen derer es eigentlich gekommen war, die Ausbildung im medizinischen Bereich. Später verbrannten sich einige der Mädchen mit Absicht die Lippen mit Zigaretten, um durch die Wunden venerische Krankheiten vorzutäuschen und die chinesischen Offiziere von sexuellen Kontakten abzuschrecken. Es war eine sehr schlimme Zeit. Normalerweise darf in der tibetischen Gesellschaft nicht über so etwas gesprochen werden. Ich aber habe vorgezogen, nicht zu schweigen. Die Welt muß wissen, was geschehen ist, was die Chinesen in Tibet getan haben."

Warum diese Bestialität in der Behandlung der Tibeter? Warum der Sadismus? Es mag sein, daß der Haß vieler chinesischer Offiziere, Soldaten und Beamten auf Tibet und die Tibeter groß ist. Auch die Unzufriedenheit mit der eigenen Situation fernab von der chinesischen Heimat, oft getrennt von den eigenen Familien, mag eine Rolle spielen. Ich hörte in Tibet Kommentare, daß die Chinesen aus der Zeit vor der kommunistischen Gewaltübernahme von 1949 in China eigentlich keine Tradition solcher exzessiver Grausamkeit hätten. Es sei nicht unmöglich, daß sie aus dem Trauma des japanisch-chinesischen Krieges und der von der japanischen Besatzungsmacht verübten Greuel diese Schemata des Sadismus übernommen hätten.

Die Menschenrechtsorganisationen, die sich mit Tibet befaßt haben, werfen den Chinesen insbesondere folgende Verletzungen der Menschenrechte vor:

In der Autonomen Region Tibet und in anderen von Tibetern besiedelten Provinzen in China werden Tausende von politischen Gefangenen ohne Gerichtsverfahren oder nach unfairen Gerichtsverfahren in Haft gehalten. Sie werden gefoltert, geschlagen, unzureichend ernährt und erhalten keine ausreichende medizinische Versorgung. Die chinesischen Behörden wenden die Todesstrafe an und töten außerdem Gefangene, ohne daß es zuvor gerichtliche Verfahren geben würde. Standardanschuldigungen von den chinesischen Behörden gegen die Gefangenen, darunter viele Mönche und Nonnen, bestehen darin, daß diese sich für die Unabhängigkeit Tibets eingesetzt hätten oder im Besitz verbotener Dokumente, politischer Literatur oder tibetischer Nationalflaggen gewesen wären. Ein Teil der Angeschuldigten ist zur „Umkehr durch Arbeit“, andere zur „Umerziehung durch Arbeit“ verurteilt worden, d. h., sie müssen Zwangsarbeit in besonderen Lagern leisten. Unter anderem wurde einigen der Gefangenen vorgeworfen, sie hätten die Universale Menschenrechtserklärung der Vereinten Nationen auf tibetisch übersetzen wollen.

Die Festgenommenen und Gefangenen sind auf Polizeistationen, in Gefängnissen und in Zwangsarbeitslagern häufig geprügelt und gefoltert worden: Sie wurden mit elektrisch geladenen Stöcken geschlagen oder erhielten Stromstöße an den Fußsohlen, im Mund oder an den Genitalien, sie wurden auch über längere Zeit in einer Position gefesselt, die besondere Schmerzen verursachte. Vielen wurde der Schlaf und/oder das Essen entzogen, und sie mußten ungeschützt in großer Kälte ausharren.

Immer wieder starben Gefangene im Gefängnis oder kurz nach der Freilassung. Es schien den Behörden in einigen Fällen unangenehm zu sein, wenn die Gefangenen in der Haft starben. Sie ließen solche durch Folter oder Schläge schwer Verletzten dann frei, so daß sie zu Hause sterben konnten.

Ungefähr 60 friedliche Demonstranten wurden zwischen 1987 und 1989 von der Polizei erschossen, obwohl es keine gewaltsamen Provokationen gegeben hatte. Rund 600 Teilnehmer an Demonstrationen, bei denen es zur Gewaltanwendung gekommen war, wurden im gleichen Zeitraum von chinesischen Sicherheitskräften getötet.

Gerichtsverfahren – wenn es überhaupt solche gibt – sind in der Regel unfair und entsprechen nicht einem Mindeststandard entsprechend den Menschenrechtskonventionen der Vereinten Nationen.

Seit 1987 kam es überall in der Autonomen Region Tibet, insbesondere in Lhasa, und auch in östlichen Regionen außerhalb der Autonomen Region Tibet zu zwangsweisen Abtreibungen und Sterilisierungen ge-

bärfähiger Tibeterinnen. Auch durch wirtschaftliche Sanktionen wurden Frauen gedrängt abzutreiben. Bis 1990 waren Nomaden und die ländliche Bevölkerung Tibets weitgehend von den in China üblichen Geburtskontrollmaßnahmen verschont geblieben.
Nach offiziellen chinesischen Statistiken von 1990 wurden in der Autonomen Region Tibet 18 000 Frauen „freiwillig" sterilisiert, d. h. 3 Prozent der gebärfähigen Frauen. In der Qinghai Provinz, einem größeren Teil des tibetischen Amdos, wurden 87 000 Frauen „freiwillig" sterilisiert, d. h. 10 Prozent der gebärfähigen Frauen. Die Sterilisierung wird in vielen Fällen in den Krankenhäusern unmittelbar nach einer Geburt oder nach einer Abtreibung vorgenommen, ohne daß die betroffene Frau davon weiß. Es sind Tibeterinnen betroffen, die bereits zwei Kinder haben.
Tibeterinnen, die ohne behördliche Genehmigung schwanger werden, müssen Strafen zahlen oder können ihre Arbeitsstelle verlieren. Unautorisierte Kinder aus solchen Schwangerschaften sind ebenfalls Sanktionen ausgesetzt. Ihnen können Aufenthaltsbescheinigungen verweigert werden, die notwendig sind, um später eine Schule zu besuchen und Leistungen der Gesundheitsdienste und Lebensmittelkarten zu erhalten. Die Abtreibung verstößt gegen buddhistische Werte und gegen die traditionellen Überzeugungen der Tibeter, die im Gebären und Aufziehen von Kindern einen besonderen Wert sehen.
Es gibt auch Berichte von systematischem Kindesmord, der Tötung neugeborener Kinder sofort nach der Geburt. Der amerikanische Arzt Dr. Blake Kerr schreibt, daß er in Tibet Informationen erhalten hat, wonach Neugeborene in Hospitälern durch Alkoholinjektionen in die weiche Stelle der Schädeldecke getötet wurden. Ein tibetischer Arzt, Pema, gab an, selbst

400 dieser Injektionen an tibetischen Kindern gesehen zu haben. Häufig werden die Neugeborenen auch erstickt oder in kochendes Wasser geworfen. Die Tibeter nennen die neuen, von den Chinesen eingerichteten Krankenhäuser – es sind insgesamt 581 – „Schlachthäuser".

Nach einem Besuch des amerikanischen Botschafters und von Mitgliedern des Kongresses in tibetischen Gefängnissen sind die Gefangenen, denen es gelang, der Delegation von ihrem Engagement für die Freiheit Tibets zu berichten, noch mehr gefoltert worden.

Im Dezember 1991 besuchte eine schweizerische Parlamentarierdelegation das Drapchi-Gefängnis in Lhasa. Der 64jährige politische Gefangene Tanak Jigme Sangpo versuchte sich durch den Ruf „Freiheit für Tibet" bemerkbar zu machen. Mitgefangene stimmten in diese Rufe für die Freiheit ein. Sofort wurde die Delegation aus der Schweiz zum Verlassen des Gefängnisses aufgefordert. Tanak Jigme Sangpo wurde aus seiner Zelle gezerrt und brutal geschlagen. Andere Gefangene wurden nackt ausgezogen und bei Kälte in Einzelhaft gehalten. Diese Ereignisse hatten ein politisches Nachspiel im Parlament der Schweiz: François Loeb, der Vorsitzende der Interparlamentarischen Gruppe für Tibet, richtete eine Anfrage an die schweizerische Regierung wegen dieses Vorfalls. Die Regierung antwortete, daß sie den Fall mit größter Aufmerksamkeit verfolge und daß das internationale Recht die Bestrafung einer Person verbiete, die auf friedliche Weise ihre fundamentalen Rechte, wie Rede- und Religionsfreiheit, wahrnehme.

Der österreichische Völkerrechtler Professor F. Ermarcora, der von Peking eingeladen worden war, Mitte April 1992 Tibet zu besuchen, um einen Bericht über die Lage der Menschenrechte in Tibet zu schreiben, wurde unmittelbar vor seiner Abreise von der chinesischen Regierung wieder ausgeladen. Er konnte dann seine „Erkundungsmission zum chinesischen Rechtssystem, insbesondere der Situation der Menschenrechte in China/Tibet“ im Juli 1992 gemeinsam mit dem Grazer Universitätsdozenten Benedek erfüllen. Es handelte sich im wesentlichen um ein offizielles Programm, bei dem Gespräche mit den Behörden geführt wurden und die touristischen Routinebesichtungen stattfanden. Gespräche mit Gefangenen oder Kontakte mit der Bevölkerung waren nicht möglich und wurden von der Delegation auch nicht angestrebt, um die Gesprächspartner nicht zu gefährden. Es war der Delegation nicht erlaubt – wie gewünscht –, einen Dolmetscher tibetischer Herkunft, aber mit österreichischer Staatsbürgerschaft mitzunehmen.

China und die Ökologie Tibets

„Die Zerstörung der Natur und der natürlichen Ressourcen resultiert aus Unwissenheit, Habsucht und aus mangelndem Respekt vor dem Lebendigen."

Dalai Lama
„Universal Responsibility and the Environment", 1989

Tibets traditionelle Achtung vor der Natur

Die Fläche Tibets in seiner ursprünglichen Größe beträgt 2 470 000 qkm bei einer mittleren Höhe von 4000 m über dem Meeresspiegel. Aufgrund der Lage im Herzen des Kontinents Asien beeinflussen die Umweltbedingungen in Tibet in erheblichem Maße die Nachbarländer und -regionen.
Der Dalai Lama hat in verschiedenen Appellen zur Bewahrung und zum Schutz von Tibets natürlicher Umwelt aufgerufen. Das Nobelpreiskomitee hat dies in seiner Entscheidung im Jahre 1989 mit folgenden Worten besonders gewürdigt: „Der Dalai Lama hat seine Philosophie des Friedens aus großer Ehrfurcht vor allen Geschöpfen entwickelt und gegründet auf ein Konzept der universalen Verantwortlichkeit, das die Menschheit, aber auch die ganze Natur umfaßt."
Tibet hat traditionell ein ganz anderes Verhältnis zur Umwelt als die meisten Staaten der Welt. Im Jahre 1944 erließ Tagdra Rinpoche, der Regent Tibets, folgendes Dekret:
„Für die Gesundheit Seiner Heiligkeit des Dalai Lama, zur Förderung des Dharma und zum Wohl aller fühlenden Wesen werden die Bürgermeister, die Beamten und Gouverneure in allen Bezirken Tibets angewiesen, das Töten aller Tiere zu verhindern, außer von Hyänen und Wölfen. Die Fische und Ottern im Wasser, die Tiere in den Bergen und Forsten, die Vögel in der Luft, alle Tiere, die sich der Gabe des Lebens erfreuen, ob groß oder klein, müssen geschützt und gerettet werden. Die Gouverneure müssen darauf achten, daß der Inhalt dieses Dekrets umgesetzt wird . . .
In der Vergangenheit sind viele Dekrete zu dieser Frage verabschiedet worden, jedoch wurden von seiten der Gouverneure und Leiter der Distrikte keine ernsthaften

Versuche unternommen, den Inhalt dieser Dekrete durchzusetzen. In Folge dieser Ineffizienz von Gouverneuren und Distriktbeamten hat Nechung Chogyal (das Staatsorakel) in diesem Sommer in einer Trance mitgeteilt, daß die Bestimmungen über die Jagd und die Dekrete zu Umweltfragen in allen Distrikten Tibets strikter eingehalten werden müssen: ‚Jeder muß die fünf Prinzipien der Jagd und die Umweltgesetze, die zuerst im Erdhundjahr 1896 erlassen wurden, und alle ähnlichen Gesetze und Dekrete der alten Könige Tibets und der nachfolgenden Regenten unterstützt durch das Kabinett befolgen und die jedem Individuum obliegenden Verpflichtungen einhalten.'"
Der Dalai Lama äußert sich in einer Schrift „Universale Verantwortung und die Umwelt", die 1989 erschienen ist, zu den Grenzen des Fortschritts und des Konsums: „Es ist nicht falsch für die Menschen, die Natur zu nutzen, um nützliche Dinge zu erzeugen, aber wir dürfen die Natur nicht ausbeuten. Es ist gut, in einem Haus zu leben, Medizinen zu haben und mit einem Auto irgendwohin fahren zu können. Eine Maschine ist in den richtigen Händen kein Luxus, sondern etwas sehr Nützliches ... Aber alles hat seine Grenzen. Zuviel Verbrauch oder zu große Anstrengung, nur um Geld zu verdienen, ist nicht gut. Auch zuviel Entbehrung ist nicht gut. Im Prinzip ist Selbstgenügsamkeit ein Ziel, aber reine Entbehrung wird fast zum Selbstmord. Wir Tibeter ertrugen in bestimmten Bereichen zu viele Entbehrungen. Und wir verloren unser Land. In diesen Tagen können wir uns nicht zuviel Isolierung hinsichtlich der Umwelt leisten.
Der Frieden und der Schutz des Lebens auf der Erde sind, wie wir wissen, durch menschliche Eingriffe, die sich humanitären Werten nicht verpflichtet fühlen, bedroht. Die Zerstörung der Natur und der natürlichen

Ressourcen resultiert aus Unwissenheit, Habsucht und aus mangelndem Respekt vor dem Lebendigen."
Der britische Gesandte in Tibet in den 40er Jahren, Hugh Richardson, schrieb: „Das tibetische System hat ein Volk hervorgebracht, das sich bemüht, soweit wie möglich im Einklang mit der Natur zu leben, nicht gegen sie."
Gerade von seiten der vielen privaten Gruppen, die entstanden, um Tibet zu helfen, besteht ein besonderes Interesse am Schutz des empfindlichen Öko-Systems Tibets. Außer dem tropischen Regenwald im brasilianischen Amazonasgebiet gibt es wohl kaum eine Gegend in der Welt, auf die sich das Interesse der Ökologen so stark konzentriert wie auf das tibetische Hochland.

Raubbau und Verlust des ökologischen Gleichgewichts

Das Hauptproblem scheint die massive Abholzung zu sein: Der Waldbestand Tibets hat sich von 1949 mit 221 800 qkm bis 1985 auf 134 000 qkm um fast die Hälfte vermindert. Abgeholzt wird hauptsächlich in den östlichen Bergen der tibetischen Hochebene. Diese Gegend wurde bis vor kurzem fast ausschließlich von Tibetern bewohnt. Inzwischen leben dort aber viele Chinesen, die aus den Provinzen Szechuan, Gansu und Yunan zugewandert sind.
Im Norden, in der tibetischen Provinz Amdo, gab es 1949 noch 3 971 500 Hektar Wald. Allein in der Gegend von Ngapa wurden von 1955 bis in die Mitte der 80er Jahre die Bestände von 2,20 Millionen Hektar, d. h. 340 Millionen Kubikmeter, auf 1,17 Millionen Hektar, d. h. 180 Millionen Kubikmeter, reduziert.
Die radikale Abholzung hat starke Erosionen verursacht, die die landwirtschaftliche Nutzung der Böden

inzwischen beeinträchtigt. Es ist zu vielen Erdrutschen gekommen. Flüsse haben ihren Lauf geändert und fruchtbares Erdreich weggeschwemmt. Das Wasser der Flüsse Brahmaputra, Salween, Mekong, Gelber Fluß und Yangtse fließt jetzt mit größerer Geschwindigkeit in die Täler. Dies hat bereits zu verheerenden Überschwemmungen im Tiefland, in China, Indien und Bangladesch geführt. Für die starken Überschwemmungen in Bangladesch ist die Abholzung im östlichen Tibet durch die Chinesen als Ursache anzusehen. Im Frühsommer 1992 gab es auch in China sehr schlimme Überschwemmungen. Bereits 1991 sollen über 3000 Chinesen in den Fluten umgekommen und Millionen obdachlos geworden sein. Die radikale Abholzung in Osttibet muß wohl zumindest als Mitursache für diese Katastrophe angesehen werden. Der Gelbe Fluß und der Yangtse, die weite Teile Chinas durchfließen, haben ihren Ursprung in Tibet. Langfristig kann die Abholzung in Tibet zur Klimaveränderung beitragen.
Eine weitere schwerwiegende Bedrohung für das empfindliche Gleichgewicht in Tibets Umwelt ist der massive Bevölkerungstransfer von Chinesen insbesondere ins östliche Tibet. Zahlreiche tibetische Bauern und Nomaden sind durch die neuangesiedelten Chinesen verdrängt worden und mußten neue Weidegründe in höheren Lagen suchen. Die Tibeter waren außerdem gezwungen, infolge der Kollektivierung der Landwirtschaft nach der Machtübernahme der Chinesen auf einer geringeren Weidefläche eine größere Anzahl von Tieren weiden zu lassen.
Durch Bau und Ausbau von Straßen haben sich nach der Einführung eines marktwirtschaftlichen Systems die Bedingungen für die Vermarktung von Fleisch verbessert, und die Gewinne sind gestiegen. Dies führte jedoch zur Überweidung, die mittelfristig negative Aus-

wirkungen haben wird. Die Qualität des Weidelands hat sich durch die intensive Nutzung bereits verschlechtert, und – nach Erkenntnissen chinesischer Wissenschaftler – es ist bereits heute eine doppelt so große Fläche notwendig wie vor zehn Jahren, um die gleiche Anzahl Tiere zu füttern. Als weitere Folge dieser Überweidung ist die Grasnarbe so dünn geworden, daß der Wind den Humus wegträgt und es zur Desertifikation weiter Gebiete kommt.
Da die chinesischen Siedler intensiv jagten, hielten sich auch einige Tibeter nicht mehr an das buddhistische Gebot, nicht zu töten, und jagten ebenfalls. Viele größere Säugetiere sind inzwischen nahezu ausgerottet. Hierdurch wiederum konnten sich die kleinen Nagetiere stark vermehren. Diese fraßen unter der Oberfläche an den Graswurzeln, das Gras starb großflächig ab, und die Desertifikation weitete sich schnell weiter aus.

Mißachtung von Natur und Religion

Vor der chinesischen Invasion gab es in Tibet ein Tabu hinsichtlich exzessiver Verstöße gegen Natur und Umwelt. Dies war eine direkte Folge der buddhistischen Erkenntnis von der gegenseitigen Abhängigkeit aller lebenden Wesen und Dinge, also des menschlichen, tierischen und pflanzlichen Lebens wie auch der „nicht beseelten" Elemente der Natur, das bedeutet der Berge, Flüsse, Seen, der Luft und der strahlenden Sonne.
Dieses Tabu war so stark, daß die Tibeter jahrhundertelang – abgesehen von gelegentlicher Förderung von Gold – ihre Bodenschätze nicht ausbeuteten. Sie waren davon überzeugt, daß eine solche Ausbeutung das Mißfallen der Gottheiten erregen, den Menschen folg-

lich Schaden zufügen und auch das Land selbst seiner natürlichen Kraft berauben würde.
Die Chinesen haben demungeachtet den Bergbau vorangetrieben und profitieren davon in beträchtlichem Ausmaß.
Während der Kulturrevolution zwangen die Chinesen viele Mönche entgegen dem Gebot, keine lebenden Wesen zu töten, auf ihrem Weg zur Arbeit in den Feldern kleine Tiere zu töten, insbesondere Vögel und Insekten. Sie mußten eine bestimmte Quote erfüllen und über die Anzahl der Tiere, die sie getötet hatten, Rechenschaft ablegen. Dazu gehörte, Beine oder Flügel der Tiere vorzuzeigen. Wenn sie diese Quote nicht erfüllten, wurden sie streng bestraft.
Während der 70er Jahre zeigten sich die ökologischen Konsequenzen dieser sinnlosen Vogeltötung: Die Insekten vermehrten sich sehr stark, da sie keine natürlichen Feinde mehr hatten. Schwärme von Insekten zerstörten die Ernte.
Der Lama Anagarika Govinda hat das Dilemma der ökologischen Zerstörung Tibets treffend zusammengefaßt: „Tibet hat einen eigenen Weg gewählt: der Eroberung der Mächte der Natur zu entsagen ... Statt dessen hat es sich dafür entschieden, die Macht der inneren Erkenntnis zu kultivieren und zu entwickeln, die die wirkliche Quelle aller menschlichen Kultur, Kenntnis und Errungenschaften ist ... Dies ist die Art, mit der die Tibeter die Problematik der Zukunft der Menschheit betrachten, eine Problematik, mit der wir jetzt auf globaler Ebene konfrontiert sind."
Der Dalai Lama hat in seinem 5-Punkte-Plan für Tibet, den er im September 1987 verkündete, „den Schutz von Tibets natürlicher Umwelt gefordert und den Verzicht Chinas, Tibet für die Produktion nuklearer Waffen und als Lagerungsplatz für nuklearen Abfall zu benutzen":

„Die Tibeter begegnen allen Erscheinungsformen des Lebens mit großer Achtung. Diese tiefwurzelnde Einstellung wird noch durch den buddhistischen Glauben verstärkt, der es verbietet, allen mit Empfindung begabten lebendigen Wesen, gleich ob menschlich oder tierisch, Schaden zuzufügen. Vor der chinesischen Invasion war Tibet ein unberührtes Sanktuarium in einer einzigartigen Umwelt. Traurigerweise sind in den letzten Dekaden das Tierleben und die Forste Tibets fast vollständig von den Chinesen zerstört worden. Die Auswirkungen auf Tibets empfindliche Umwelt sind verheerend. Das Wenige, was in Tibet erhalten ist, muß geschützt und Anstrengungen müssen unternommen werden, um die Umwelt wieder in ihr ausgewogenes Gleichgewicht zu bringen.
China benutzt Tibet für die Produktion von Kernwaffen und dürfte damit angefangen haben, radioaktive Abfälle in Tibet zu lagern. China plant nicht nur den eigenen, sondern auch den nuklearen Abfall anderer Länder zu lagern, die bereits zugesagt haben, für die Abnahme ihres Giftmülls zu zahlen. Die Gefahren, die hieraus entstehen, sind offensichtlich. Nicht nur die jetzt lebenden, sondern auch die künftigen Generationen werden durch Chinas Nichtachtung vor Tibets einzigartiger und verletzbarer Umwelt bedroht."
Die chinesische Regierung hat den Bau eines Wasserkraftwerkes zur Erzeugung von Elektrizität am Yamdrok-Yumtso-See wieder aufgenommen. Von dem See soll ein 6 km langer Tunnel durch einen Berg gebaut werden, durch den dann das Wasser 846 m in die Tiefe, zum Yarlung-Zangbo-Fluß, stürzen kann. Durch die Wasserkraft soll zunächst ein 15 000-kW-Generator angetrieben werden und bis zum Jahr 2000 sechs Generatoren mit insgesamt 90 000 kW. In Tageszeiten, zu denen der Energiebedarf nicht sehr groß ist, soll das Was-

ser wieder in den See zurückgepumpt werden. Die Tibeter befürchten eine starke Verschmutzung des türkis-blauen Wassers ihres heiligen Sees durch das schmutzigbraune Flußwasser.
Es wurde errechnet, daß — wenn die Turbinen erst einmal laufen — der Wasserspiegel des fast 800 qkm großen Sees jährlich um 7,6 cm sinken wird. Das ursprünglich 1985 begonnene Projekt war 1986 nach dem Einspruch des Panchen Lama gestoppt worden. Der Panchen Lama hatte insistiert, daß der Bau des Wasserkraftwerkes enorme Summen verschlingen würde, jedoch den Tibetern keine Vorteile bringe, sondern der Umwelt schweren Schaden zufüge. Im August 1989, nur wenige Monate nach dem Tod des Panchen Lama, wurde das Projekt wieder aufgenommen. China hat Norwegen und die Schweiz um die Finanzierung des Projektes, das ca. 140 Millionen Dollar kosten soll, ersucht.
Der Yamdrok Yumtso ist einer der heiligsten Seen in Tibet und ein Ort der Verehrung für zahlreiche Pilger. Die hier künftig erzeugte Elektrizität wird vor allem den Chinesen in Lhasa und in den umliegenden Gebieten zum Vorteil sein, da hauptsächlich die Wohnungen der Chinesen an das Stromnetz angeschlossen sind. Die Tibeter selbst verwenden vorwiegend Yak-Dung oder Holz als Energiequellen. Infolge der langen Sonnenscheindauer könnte auch die Sonnenenergie ein sehr großes Potential haben.
Es fällt den Chinesen schwer, angemessen auf die Anschuldigungen der Umweltzerstörung und des Raubbaus an den natürlichen Ressourcen, insbesondere durch Abholzung, zu reagieren. Peking versucht sich in gewissen Bereichen wieder kooperativ zu zeigen und erklärte kürzlich eine große Fläche nördlich Lhasas zum Naturschutzgebiet.

Tibet und der Westen

„Kleinere Staaten haben manchmal das größere Herz."
Dalai Lama im Gespräch mit dem Autor 1990

Der Mythos Tibet

Im Jahre 1811 schrieb der Russisch-Kaiserliche Hofrat und Professor der Geographie und Statistik in Weimar, Adam Christian Gaspari, in seinem Lehrbuch der Geographie über die Tibeter:
„Die Tibeter sind nicht ohne Kenntnisse und haben hohe Schulen, die auch von Ausländern aus China, der Koschotei und Kaschemir stark besucht werden. Ihre geschätzteste Wissenschaft ist die Magie."
Tibet hat seit langer Zeit eine besondere Anziehungskraft auf den Westen wie auch auf andere Weltgegenden, insbesondere natürlich auf Asien selbst, ausgeübt. Tibet galt sogar als Symbol mystischen Wissens um Sinn und Ziel unserer Existenz. Das Bild vom Dach der Welt war und ist im Westen gegründet auf mystische Vorstellungen von verborgenen Geheimnissen und Magie. Für die Länder Asiens, die buddhistisch oder hinduistisch geprägt sind, gründet es auf den Glauben an die Existenz des heiligen Berges Kailas in Tibet, auch Meru genannt, als dem Zentrum oder Nabel der Welt, ja gar als Achse des Universums.
In den großartigen Tempelanlagen Angkors in Kambodscha, in Borobudur auf Java, um nur einige Beispiele zu nennen, überall in Asien ist das symbolträchtige Modell, die stilisierte Replika des heiligen Berges Meru, zu finden.
In dem großen hinduistischen Epos „Mahabharata" heißt es über den Berg Kailas: „Er scheint wie die Morgensonne und wie Feuer ohne Rauch, unmeßbar und unerreichbar durch Menschen, die behaftet mit Sünde sind." Auf seinem Gipfel stand Swarga, die himmlische Stadt Indras, des alten vedischen Gottes des Regens und des Sturms. Hier lebten die Götter und himmlischen Geister unter Führung von Brahma. Stufen aus

Sternen führten den Weg zum Berg Meru hinauf. In den unteren Sphären warteten die Seelen der Verstorbenen auf die Wiedergeburt. Auch für die Religion der Jains und für die schamanistische Bön-Religion Tibets hat der heilige Berg Kailas zentrale Bedeutung. Erst im 17. Jahrhundert gelangten erste Nachrichten über den Kailas in den Westen.

Jede Generation im Westen hat sich ein neues, imaginäres Bild von Tibet geschaffen: das unerreichbare verbotene Land auf dem Dach der Welt, ein Land, das nicht wie die meisten anderen Länder Asiens europäische Kolonie war. Für lange Zeit war Tibet nur unter enormen Schwierigkeiten und Mühsalen zu erreichen. Es gelang nur wenigen Abenteurern oder großen Forschern, bis nach Lhasa vorzudringen. Selbst Sven Hedin, der über Jahre hinweg in verschiedenen Expeditionen versuchte, Lhasa zu erreichen, blieb erfolglos.

Legenden bildeten sich über das geheimnisvolle Land. Ein Roman von James Hilton, „Die verlorenen Horizonte", vom mystischen Königreich Shangrila, mit dem Tibet gemeint war, begeisterte die Leser. Im Westen wollte man ein unerreichbares Land, einen Garten Eden, von dem man träumen konnte. Nach tibetischer Überlieferung gibt es ein mystisches Land jenseits von Tibet mit dem Namen Shambhala, das aber fern von jeder Wirklichkeit ist.

Der germanische Donnergott Thor entspricht in etwa Indra, dem vedischen Gott, der – wie oben erwähnt – auf dem heiligen Berg Kailas thronen soll.

Die Nationalsozialisten imitierten ein buddhistisches und hinduistisches Symbol, die Swastika, indem sie es umdrehten und als Hakenkreuz zu ihrem Symbol machten. Die Swastika symbolisiert in Wirklichkeit den Lauf der vier heiligen Flüße Asiens, des Brahmaputra, des Ganges, des Indus und des Sutlej, deren Quellwasser

vom Kailas in den Manasarovar-See fließt, sich dann teilt und in der Tat in Swastika-Form in vier Himmelsrichtungen strömt. Außerdem soll die Swastika auf der Südflanke des Kailas deutlich zu erkennen sein. Ich habe viele Fotos studiert und glaube, daß es doch einiger Einbildungskraft bedarf, um auf den steilen Felsen des Kailas die Swastika zu erkennen. In vielen tibetischen Tempeln, etwa in einem Mosaik aus Halbedelsteinen im Tashilunpo, dem berühmten Kloster des Panchen Lama in Shigatse, ist die Swastika abgebildet.
In Dharamsala wurde mir ihre eigentliche Bedeutung aus der Sicht der gläubigen Tibeter erklärt. Die Swastika diene als symbolisches Instrument, um das Buch des Dharma, der Lehre Buddhas, zu öffnen und umzublättern, d. h., um in der Erkenntnis der Lehre Buddhas auf dem Weg zur Erleuchtung fortzuschreiten. Eine umgedrehte Swastika, also ein nationalsozialistisches Hakenkreuz, müsse die gegenteilige Wirkung haben, nämlich das Verschließen des Dharma, der Lehre Buddhas. Dies könne nichts anderes als allergrößtes Unheil mit sich bringen.
In den 60er Jahren begeisterten sich die an den Fuß des Himalaya, nach Nepal und Indien gepilgerten Hippies für das, was sie unter der spirituellen Botschaft Tibets verstanden. Der Wortlaut eines Liedes der Beatles war dem Totenbuch der Tibeter (Bardo) entnommen.
Die Mystifizierung Tibets mag zum Teil gegründet sein auf Respekt vor der Kraft des Glaubens und der Dimension der Spiritualität auf dem Dach der Welt.
Die große französische Tibetforscherin Alexandra David-Neel, die als buddhistische Nonne jahrelang durch Tibet gereist ist, und der Lama Anagarika Govinda schreiben in ihren Büchern über geheimnisvolle Praktiken und Magie in Tibet. Es handelt sich dabei insbesondere um Levitation, die Fähigkeit, sich durch medita-

tive Kraft selbst zu erheben, um die Praktiken des Tum-mo-Yoga, einer tantrischen Disziplin, wo durch Autosuggestion Wärme erzeugt wird, und schließlich das sogenannte Schnellaufen im Schwebezustand, das insbesondere im Kloster Shalu, im südlichen Zentraltibet, praktiziert wurde. Solche im Schnellaufen ausgebildete Lamas, die Geheimnisträger waren, sollen angeblich Hunderte von Kilometern am Tag zurückgelegt haben. Als ich 1992 das jetzt bequem mit dem Jeep erreichbare Kloster Shalu besuchte, erinnerte nichts mehr an diese geheimnisvolle Tradition.

Der Dalai Lama gibt in seiner Autobiographie einen Überblick über derartige magische und geheimnisvolle Phänomene, so etwa die Praktiken des Tum-mo-Yoga. Er hatte dem Leiter der Abteilung für Verhaltensmedizin der Harvard Medical School, Dr. Benson, erlaubt, diese Praktiken wissenschaftlich durch Beobachtung von tibetischen Mönchen, die in Einsiedeleien bei Dharamsala, in Ladakh und in Sikkim lebten, zu erforschen. Die Technik des Yoga bestand darin, verschiedene Ebenen des Bewußtseins auszuschalten und sich auf wenige, subtilere Ebenen des Bewußtseins zu konzentrieren. Eines der wesentlichen Ziele tantrischer Praktiken sei es, dem Ausführenden zu ermöglichen, den Tod zu „erfahren". Auf diese Weise könnten die stärksten spirituellen Erfahrungen gewonnen werden. Dr. Benson maß das Ansteigen der Körpertemperatur der Tum-mo-Yoga praktizierenden Mönche und stellte fest, daß der Anstieg um 10° C betrug. Auf diese Weise konnten sie unbekleidet im Schnee sitzen und mit ihrem Körper nasse Tücher trocknen, die zuvor in eiskaltes Wasser getaucht worden waren. Dieses Trocknen von Tüchern durch die Körperwärme soll von den nackt im Schnee sitzenden Mönchen sogar zu einer Art Wettbewerb entwickelt worden sein, wie Alexandra David-

Neel und der französische Tibetreisende Amaury de Riencourt berichten. Einige Mönche trockneten über ein Dutzend Tücher in einer nächtlichen Sitzung. Dr. Bensons wissenschaftliche Erklärung der Vorgänge bestand darin, daß offensichtlich der Tum-mo-Yoga-Praktizierende in der Lage ist, „braunes Fett" in seinem Körper zu verbrennen und dadurch Wärme zu erzeugen. Dies ist ein Phänomen, von dem man annahm, daß nur Tiere, die Winterschlaf halten, etwa Bären, dazu befähigt sind.

Wie mir in verschiedenen Gesprächen mitgeteilt wurde, glauben auch viele der Intellektuellen in Tibet felsenfest an diese Praktik, während die Geschichten von den „Schnelläufern" als Legenden abgetan werden.

Tief verwurzelt ist der Glaube der Tibeter an Orakel. Die vor allem im Nechung-Kloster bei Lhasa, dem Sitz des Staatsorakels, gepflegte Tradition geht auf schamanistische Ursprünge zurück. Durch das Nechung-Orakel soll sich Dorje Drakden, eine der Schutzgottheiten des Dalai Lama offenbaren.

Der Dalai Lama erklärt die sogenannten „magischen und geheimnisvollen" Aspekte des tibetischen Buddhismus folgendermaßen: Wenn wissenschaftliche Methoden seine Gedanken nicht erkennen könnten, bedeute dies nicht, daß er keine Gedanken habe und daß man nicht nach einer anderen Untersuchungsmethode etwas über sie entdecken könnte. Hier setze die tibetische Erfahrung an. Durch geistiges Training hätten die Tibeter Techniken entwickelt, um Dinge zu bewirken, welche die Wissenschaft noch nicht in adäquater Weise erklären könne.

Was kann der Westen von Tibet lernen?

Mich interessierte die Frage, was der Westen von Tibet lernen könnte, insbesondere über Grundwerte in der Politik und deren ethischer Basis in der Religion. Ich fragte den Dalai Lama, ob wir im Westen von der Erfahrung und der Weisheit sowie der prägenden Wirkung des Buddhismus in der Politik in Asien etwas lernen könnten.

Der Dalai Lama entgegnete: „Wenn ich die Erfahrung in buddhistischen Ländern betrachte, etwa in Thailand, bin ich skeptisch und noch skeptischer, wenn wir Kambodscha und Laos und auch Vietnam betrachten, wo vor einigen Jahren infolge der Politik das Leid unter den Menschen so groß wurde. Es muß offenbleiben, ob traditionell stark buddhistisch geprägte Länder besonders gute Voraussetzungen erfüllen, das Wohl ihrer Bevölkerung durch gute Regierungen zu fördern."

Auf meine Frage zur Position der buddhistischen Lehre gegenüber dem Marxismus antwortete der Dalai Lama: „Ich glaube, unser Buddhismus, der ja keine Verehrung Gottes kennt, sondern in sich selbst atheistischer Natur ist, und dessen Hauptinhalt die ethische Lehre bildet, wie der Mensch zu leben hat, ist prädestiniert dafür, im Antagonismus zum Marxismus, bei dem nicht der Mensch zählt, sondern abstrakte Ideologie zum Selbstzweck geworden ist, diesem die Stirn zu bieten.

Schließlich wird er dem Marxismus überlegen sein, weil eben für den Buddhismus der Mensch und die Sorge für das Individuum immer das Wesentliche bleibt."

Wir sprachen eine Weile über die Frage der ethischen Grundwerte in der Politik. Der Dalai Lama sagte: „Ich habe diese Frage vor einiger Zeit mit indischen Politikern erörtert, die selbst nicht religiös gebunden sind. Dabei stellten sie die These auf, wenn zum Beispiel zwei oder drei religiöse Eiferer sich irgendwohin in die Einsamkeit zurückzögen, vielleicht gar als Eremiten, um über die Rolle der Religion in der Welt nachzudenken, und wissen Sie", hierbei lächelte der Dalai Lama, „es kommt natürlich schon auch vor, daß man hierbei verrückt wird, ja, die indischen Politiker meinten, daß diese Tatsache völlig irrelevant für die Politik ihrer Länder bliebe. Was aber, wandte ich ein, wenn zwei oder drei Politiker, die die Geschicke ihres Landes in der Hand haben und sich nicht aus der Welt zurückziehen, plötzlich verrückt werden?" Der Dalai Lama lachte sein kräftiges herzliches Lachen und sagte mit Entschiedenheit: „Eine ethische Grundlage der Politik ist notwendig."

Besonders bedeutungsvoll gerade auch für uns Menschen im Westen erscheinen die Worte des Dalai Lama in seiner kleinen Schrift „Barmherzigkeit und das Individuum", die 1991 erschienen ist. Auf wenigen Seiten beschreibt er den Weg, wie jeder Mensch, der mit geistigem und physischem Leid konfrontiert ist, den Zustand des Glücks erreichen kann. Der Dalai Lama empfiehlt hierfür ein größtmögliches Maß an selbstlosem Mitleid und Barmherzigkeit. Dies entspricht völlig seiner Rolle im tibetischen Buddhismus als Emanation Avalokiteshvaras, des Bodhisattva der Barmherzigkeit.

Der Dalai Lama schreibt:

„Obwohl die Menschen manchmal lachen, wenn ich dies sage, ich selbst wünsche mir immer mehr Freunde. Ich liebe das Lächeln. Deswegen ist es mein Anliegen zu erkennen, wie ich mehr Menschen zu meinen Freunden machen kann und wie mehr Menschen mich anlächeln, echt und aufrichtig lächeln. Es gibt ja viele Arten des Lächelns, das sarkastische, das künstliche oder das diplomatische Lächeln. Viele Arten des Lächelns vermitteln kein Gefühl der Befriedigung, und manchmal können sie sogar das Gefühl des Argwohns oder der Angst hervorrufen. Doch das echte Lächeln gibt uns ein Gefühl der Erfrischung, und es ist, glaube ich, nur den menschlichen Wesen eigen. Wenn dies die Art des Lächelns ist, die wir wollen, müssen wir selbst die Gründe schaffen, die es hervorrufen."

Der Dalai Lama plädiert dann für individuelles Glück, das in einer tiefen und effektiven Weise zur allgemeinen Verbesserung der menschlichen Gemeinschaft beitragen könnte: „Da wir alle ein identisches Bedürfnis nach Liebe haben, ist es möglich zu fühlen, daß jeder, den wir treffen, unter allen Umständen, ein Bruder oder eine Schwester ist. Ganz gleich, wie neu das Gesicht ist oder wie unterschiedlich Kleidung und Benehmen sind, es gibt keinen grundlegenden Unterschied zwischen uns und den anderen Menschen. Es ist dumm, sich mit äußerlichen Unterschieden aufzuhalten, weil unsere grundsätzliche Natur die gleiche ist . . . Ich glaube, daß auf jeder Ebene der Gesellschaft — derjenigen der Familie, des Stammes, auf der nationalen und der internationalen Ebene — der Schlüssel zu einer glücklicheren und erfolgreicheren Welt im Wachsen der Barmherzigkeit liegt. Wir müssen nicht religiös werden oder an eine Ideologie glauben. Es ist für uns nur nötig, gute menschliche Eigenschaften zu entwickeln.

Ich behandle jeden, den ich treffe, als einen alten Freund. Das gibt mir ein echtes Gefühl des Glücks. Es ist die Verwirklichung des Mitleids, der Barmherzigkeit und der Nächstenliebe."

Die traditionellen Denkmodelle und Ideologien im kapitalistisch bzw. marktwirtschaftlich geprägten Westen wie in der bis vor kurzem noch existierenden marxistisch-leninistisch bestimmten Sowjetunion und deren Satellitenstaaten sehen bzw. sahen im Wirtschaftswachstum und in ständigen materiellen Verbesserungen das wesentliche Ziel privater und kollektiver Anstrengungen. Die neuen ökologischen Bewegungen sehen ihr Ziel darin, die unwiederbringliche Zerstörung der Natur und somit der Lebensgrundlagen der Menschheit durch rücksichtsloses und unkontrolliertes Wirtschaftswachstum aufzuhalten.

Es ist nicht unmöglich, daß der vom Dalai Lama vorgeschlagene Weg, nämlich des Wachsens, der Vermehrung der Barmherzigkeit als Schlüssel zu einer glücklicheren und erfolgreicheren Zukunft, weltweit besondere Bedeutung erlangen wird. Dieser Weg des Wachsens der Barmherzigkeit erhebt jedoch nicht den Anspruch, durch die Synthese der beiden antagonistischen Ideologien, der kapitalistischen und der marxistisch-leninistischen, eine geläuterte Ersatzideologie zu sein, mit deren Hilfe die Probleme der Zukunft zu meistern sind. Dies würde weder der Bescheidenheit des Dalai Lama noch seinem Realismus entsprechen.

Gegründet ist dieser Weg auf die vor 2500 Jahren von Buddha entwickelten Lehren über das Verhältnis zu den Mitmenschen, zu allen Lebewesen, zu Natur und Umwelt. Auch wenn der Dalai Lama stets betont, er sei nur ein einfacher, demütiger Mönch, so könnte doch der von ihm propagierte Weg der Barmherzigkeit mithelfen, für viele der großen Probleme unserer Zeit und der Zukunft, insbesondere für ökologische Fragen, einen brauchbaren ethischen Lösungsansatz zu finden, der Denominator für die vielen notwendigen Einzellösungen werden könnte.

Der Westen kann in diesem Bereich ohne jeden Zweifel vom tibetischen Buddhismus lernen.

Weltweite Unterstützung durch private Hilfsgruppen

1990 fand in Dharamsala eine Konferenz privater Hilfsgruppen aus vielen Ländern statt. Alle Erwartungen übertreffend, kamen mehr als 40 Organisationen. Besonders prominente Teilnehmer waren der frühere indische Außenminister und Botschafter in Peking, A. P. Venkateswaran, sowie Petra Kelly und Gert Bastian von den Grünen in Deutschland.

Es wurde eine Strategie für die 90er Jahre erarbeitet. Deren wesentliches Anliegen ist die weltweite Koordination der Bemühungen sowohl der Tibeter als auch der Freunde Tibets.

Beschlossen wurde unter anderem: Möglichst viele Staaten müssen angeregt werden, den Dalai Lama zu Staatsbesuchen einzuladen; ein computerisierter Informationsdienst zu Tibet soll eingerichtet werden; die Weltöffentlichkeit muß über die erschreckende Zerstörung von Tibets Umwelt informiert, die Zusammenarbeit mit den im Ausland lebenden chinesischen Dissidenten verbessert und der Einfluß auf die Vereinten Nationen und andere Regierungsorganisationen sowie private Hilfsgruppen muß verstärkt werden. Im Vordergrund sollten Proteste gegen Verletzungen der Menschenrechte und die Durchsetzung des Selbstbestimmungsrechts des tibetischen Volkes stehen.

Es wurden Resolutionen vorformuliert mit der Empfehlung, weltweit auf deren Verabschiedung durch nationale Parlamente hinzuwirken.

Seit 1989 haben sich unzählige dieser privaten Hilfsgruppen mit großem Engagement für die Verbesserung der Lage der Tibeter in Tibet wie auch für den Schutz der Umwelt und die Beendigung des ökologischen Raubbaus in Tibet eingesetzt.

Für die Dokumentation von Menschenrechtsverletzungen leisteten internationale private Hilfsorganisationen unschätzbare Arbeit. Im für die Sitzung der Kommission für Menschenrechte im Januar 1992 vorgelegten Bericht des Wirtschafts- und Sozialrats der Vereinten Nationen sind die Beiträge von sieben Organisationen, die beim Wirtschafts- und Sozialrat der Vereinten Nationen beratenden Status haben, abgedruckt. Es handelt sich um folgende Organisationen:
Amnesty International
Der Zusammenschluß von „Disabled People's International, Human Rights Advocates, International Federation of Human Rights, International Federation of Women Lawyers, Pax Christi, International Education Development, Inc. and Liberation"
Habitat International Coalition
International Fellowship of Reconciliation
International League for Human Rights
Law Association for Asia and the Western Pacific (LAWASIA)
Minority Rights Group.
Mit ihren Beiträgen antworteten diese Organisationen auf ein Dokument des Vertreters des Außenministeriums der Volksrepublik China vom August 1991 über die Situation der Menschenrechte in Tibet, ein Dokument, das sich an simpler Darstellungsweise und ständiger Wiederholung von Geschichten aus Tibets feudaler Zeit kaum überbieten läßt. Die aktuellen Fragen werden einfach weggelassen. China ist in der tibetischen Frage in die Defensive geraten.
Auch in Deutschland setzen sich zahlreiche Organisationen für Tibet ein (siehe Anhang).
Das Medium des Films, insbesondere des künstlerisch anspruchsvollen Films, kann einen bedeutsamen Beitrag zur Unterstützung Tibets leisten, indem es eine

große Anzahl von Zuschauern über die Lage in Tibet aufklärt. Eindrucksvoll sind in diesem Zusammenhang die in den letzten Jahren entstandenen Filme des in Paris lebenden deutschen Regisseurs Franz-Christoph Gierke, den ich Ende 1991 vor einer Audienz mit dem Dalai Lama in Dharamsala traf. Gierke hat sehr schöne Filme über Tibet gedreht, in denen dem Zuschauer die Spiritualität und die mystischen Aspekte des tibetischen Buddhismus besonders deutlich werden.

„Lord of the Dance, Destroyer of Illusions", am besten übersetzt mit „Gottheit des Tanzes, Zerstörer der Illusionen", ist ein Film über tantrische Rituale im Thupten-Choling-Kloster, das heute südlich vom Mount Everest in Nepal gelegen ist. Früher stand das Kloster nördlich des Mount Everest in Tibet und hieß Rongbo. 1959 flüchtete der Abt Trulshig Rinpoche mit Hunderten von Mönchen und unschätzbarem Inventar nach Nepal und baute dort das Kloster wieder auf. Auf diese Weise blieben die einzigartige Tradition des Klosters und seine besonderen Kenntnisse in tantrischen Praktiken erhalten.

Ein weiterer Film ist „Les Cavaliers du Vent", eine Dokumentation aus den jetzt China angegliederten tibetischen Provinzen außerhalb der Autonomen Region Tibet. Die französische Schauspielerin Isabelle Adjani spricht den sehr lyrisch gefaßten Text und rezitiert Gedichte des indischen Mystikers und großen Lehrers Padmasambhava, der im 8. Jahrhundert n. Chr. in Tibet wirkte. Gierke erklärte mir, er habe diese Szenen nebenbei filmen können, als er, um einen Film über die französische Tibetforscherin Alexandra David-Neel zu drehen, vor Ort war. Die chinesischen Aufpasser hätten nichts bemerkt. Der Film ist eine beeindruckende Dokumentation. Während vieler Wochen mußten die Menschen vor den Kinos in Paris anstehen, um für den ständig ausverkauften Film Eintrittskarten zu bekommen. Aufgrund der immer besseren Information über Tibet wächst auch im Westen das Interesse an Tibet und seiner einzigartigen, bedrohten Zivilisation, wächst das Engagement für seine Menschen.

Amerikanischer Kongreß, UN-Kommission für Menschenrechte, Europäisches Parlament

Der amerikanische Senat und das Repräsentantenhaus verabschiedeten am 23. Mai 1991 folgende Resolution:
„In Anbetracht dessen, daß Tibet sich in seiner gesamten Geschichte eine eigene nationale, kulturelle und religiöse Identität bewahrt hat, die sich von der Chinas unterscheidet;
in Anbetracht dessen, daß es in den chinesischen Urkunden und der traditionellen Geschichte der Dynastien, einschließlich jener der Mandschu- und Mongolenherrschaft, keinerlei Hinweise darauf gibt, daß Tibet ‚zu einem Bestandteil' Chinas gemacht wurde;
in Anbetracht dessen, daß mehrere Länder, darunter die Mongolei, Bhutan, Nepal, Britisch-Indien und das zaristische Rußland, Tibet als unabhängige Nation anerkannten bzw. unabhängig von jeder chinesischen Regierung Beziehungen zu Tibet unterhielten;
in Anbetracht dessen, daß China 1949–50 unter Verletzung des Völkerrechts mit Waffengewalt in Tibet einmarschierte;
in Anbetracht dessen, daß Tibet zur Zeit der chinesischen Besetzung nach dem Völkerrecht alle Merkmale der Souveränität – ein klar definiertes Staatsgebiet und eine eigene Bevölkerung, eine unabhängige Regierung sowie die Fähigkeit zur Abwicklung der inneren Angelegenheiten und zur Pflege unabhängiger internationa-

ler Beziehungen — aufwies, wie die Internationale Juristenkommission 1960 feststellte;
in Anbetracht dessen, daß es die Politik der Vereinigten Staaten ist, Aggression und jede andere unrechtmäßige Anwendung von Gewalt zu bekämpfen, mit der ein Land unter Verletzung der Souveränität eines anderen Landes ein Gebiet erwirbt, und Verstöße gegen das Völkerrecht, einschließlich der unrechtmäßigen Besetzung eines Landes durch ein anderes, zu verurteilen;
in Anbetracht dessen, daß die Vereinigten Staaten in den 50er und wieder in den 60er Jahren wiederholt verurteilten, was sie als Aggression Chinas gegen Tibet bezeichneten, und die Vereinten Nationen sowohl bei der Verurteilung Chinas als auch der Forderung nach Selbstbestimmungsrecht für Tibet in den Resolutionen der Vollversammlung 1353 (1959), 1723 (1961) und 2079 (1965) aktiv unterstützten;
in Anbetracht dessen, daß der Botschafter der Vereinigten Staaten, Plimpton, die Position der Vereinigten Staaten zu Tibet am 16. 12. 1961 in den Vereinten Nationen wie folgt zusammenfaßte: ‚Nach der Auffassung der Vereinigten Staaten müssen unsere Ziele der Wiederherstellung der Menschenrechte des tibetischen Volkes und sein natürliches Recht auf Selbstbestimmung einschließen‘;
in Anbetracht dessen, daß die unrechtmäßige Besetzung Tibets durch China bis zum heutigen Tage fortbesteht;
in Anbetracht dessen, daß die Vereinigten Staaten Aggression nicht hinnehmen sollten, indem sie den Anspruch Chinas auf Souveränität über Tibet akzeptieren, möge

DER SENAT (GEMEINSAM
MIT DEM REPRÄSENTANTENHAUS)
DIE FOLGENDE RESOLUTION
verabschieden:

Der Kongreß vertritt die Auffassung, daß Tibet einschließlich der in den chinesischen Provinzen Szechuan, Yünnan, Gansu und Qinghai eingegliederten Gebiete, die historisch zu Tibet gehört haben, nach den bestehenden Grundsätzen des Völkerrechts ein besetztes Land ist, dessen wahre Vertreter der Dalai Lama und die tibetische Exilregierung sind, wie vom tibetischen Volk anerkannt."

Im Oktober 1991 unterzeichnete Präsident Bush einen „US State Department Authorization Act", in dem die obige Resolution des Kongresses enthalten ist.

Diese Resolution ist von besonderem Interesse, da sie auch die in die chinesischen Provinzen Szechuan, Yünnan, Gansu und Qinghai eingegliederten tibetischen Gebiete erwähnt, Regionen, die nach Pekings Willen nicht Bestandteil der „Autonomen Region Tibet" sind. Zum Teil erfolgte der Anschluß tibetischen Territoriums durch Waffengewalt noch vor der Gründung der Volksrepublik China im Jahre 1949. Tibet ist unter der kommunistischen Herrschaft Chinas in sechs Verwaltungszonen zerstückelt worden:

Autonome Region Tibet

1950 eroberten Truppen der chinesischen Volksbefreiungsarmee die zentrale Provinz Ü-Tsang. 1965 proklamierten die Chinesen diese Provinz zur „Autonomen Region Tibet".

Die chinesische Provinz Qinghai

Bereits vor 1949 beanspruchte die Kuomintang General Tschiang Kai-sheks den größten Teil der tibetischen Provinz Amdo.

Tibetische Autonome Präfektur Kanhlo

Die Präfektur Kanhlo war Teil der tibetischen Region Amdo. Sie wurde in den Jahren 1958—1964 als autonome tibetische Präfektur wieder in die chinesische Provinz Gansu eingegliedert.

Tibetische Autonome Präfektur Ngapa
Ngapa war Teil der tibetischen Region Amdo. Bereits vor 1950 wurde Ngapa als autonome tibetische Präfektur in die chinesische Provinz Szechuan eingegliedert.

Tibetische Autonome Präfektur Kanzi
Kanzi war Teil der tibetischen Region Kham. Die Volksbefreiungsarmee eroberte Kanzi noch vor der Machtergreifung in Peking im Jahre 1949. In den Jahren 1950–54 wurde Kanzi in die chinesische Provinz Sikang eingegliedert und dann in den Jahren 1954–57 wieder ausgegliedert, um als „Autonome Tibetische Präfektur" Teil der chinesischen Provinz Szechuan zu werden.

Tibetische Autonome Präfektur Dechen
Dechen war Teil der tibetischen Region Kham. 1949 wurde es von Truppen der chinesischen Volksbefreiungsarmee besetzt und als Tibetische Autonome Präfektur in die chinesische Provinz Yünnan eingegliedert. Bereits vor 1950 wurde hier viel gekämpft.

Auf dem Territorium des ursprünglichen Staates Tibet, wie er vor den Teilungen bestand, leben heute 6 Millionen Tibeter und 8 Millionen Chinesen. In den auf Qinghai und Gansu aufgeteilten ehemaligen Gebieten der früheren tibetischen Provinz Amdo leben heute 0,8 Millionen Tibeter und 2,5 Millionen Chinesen. In der ehemaligen Provinz Kham sind es 3,3 Millionen Tibeter gegenüber 3 Millionen Chinesen. In sämtlichen größeren Städten leben bereits mehr Chinesen als Tibeter. Sogar nach chinesischen Schätzungen sind ca. 58 Prozent der Einwohner Lhasas Chinesen. In Chamdo sol-

len es sogar 95 Prozent sein. Die Tibeter sind zu einer Minderheit in ihrem eigenen Land geworden.
Im Februar 1992 traf Präsident Bush den chinesischen Premierminister Li Peng. Eines der Ergebnisse dieses Treffens war, daß die USA vor der Kommission für Menschenrechte der Vereinten Nationen in Genf plötzlich ihre Haltung änderten: Der amerikanische Botschafter widersetzte sich dem Bestreben der zwölf EG-Staaten, acht anderer europäischer Staaten und drei zentralamerikanischer Staaten, eine Resolution zu verabschieden, in der China wegen der Verletzung der Menschenrechte in Tibet ausdrücklich kritisiert wird. Er argumentierte, daß die USA sich für die Achtung der Menschenrechte in Tibet einsetzen würden, daß dieser Einsatz aber nicht auf Tibet beschränkt sei, sondern ganz China umfasse.
„Es ist moralisch nicht zu rechtfertigen, die Tibeter gesondert zu behandeln, wenn Millionen Chinesen auch leiden“, gab der amerikanische Botschafter bei den Vereinten Nationen in Genf, J. Kenneth Blackwell, in einem Interview mit der „South China Morning Post“ kund. Gleichzeitig kritisierten die USA die Einschränkungen der Redefreiheit für Dissidenten in China.
Statt nun aber eine neue Resolution vorzuschlagen, in der China wegen der Verletzung der Menschenrechte sowohl in Tibet als auch in China selbst kritisiert wird, tat der Vertreter der USA bei den Vereinten Nationen in Genf gar nichts. Mitglieder der amerikanischen Botschaft in Genf ließen jedoch durchblicken, daß die Instruktionen, im Sinne Pekings zu agieren, direkt von Präsident Bush kamen. Es ist anzunehmen, daß Bush im Gegenzug Zugeständnisse von Li Peng erwartete, insbesondere die mögliche Unterzeichnung des Nichtweiterverbreitungs-Vertrages für Atomwaffen durch China sowie Zugeständnisse in Handelsfragen.

Pakistan, das mit China ein sehr gutes Verhältnis hat, brachte vor der Menschenrechtskommission der Vereinten Nationen einen prozeduralen Antrag ein mit dem Petitum, daß die Kommission die vorgeschlagene Resolution nicht behandeln solle. Die von der EG vorgeschlagene Resolution sei ein Versuch, die Unabhängigkeit Tibets geltend zu machen, es handele sich deswegen nicht um eine Frage der Menschenrechte.

Der Text der Resolution lautete wie folgt:

„SITUATION IN TIBET

Die Kommission für Menschenrechte,

indem sie sich leiten läßt durch die Prinzipien der Charta der Vereinten Nationen, die Universale Menschenrechts-Erklärung und andere Konventionen, Erklärungen und Resolutionen der Vereinten Nationen zu den Menschenrechten,

indem sie die Resolution 1991/10 vom 23. August 1991 des Unter-Ausschusses und andere relevante Resolutionen der Vereinten Nationen in Erinnerung ruft,

indem sie betroffen ist angesichts der anhaltenden Berichte über die Verletzungen der Rechte und Grundfreiheiten in Tibet, welche die unterschiedliche kulturelle, religiöse und ethnische Identität der Tibeter bedrohen,

1. nimmt Kenntnis von den zusammengefaßten Aufzeichnungen der Debatten über diese Frage während der 43. Sitzung des Unterausschusses;
2. nimmt ebenfalls Kenntnis von der Note des Generalsekretärs (E/CN.4/1992/37) über diese Angelegenheit;
3. nimmt weiterhin Kenntnis von den Berichten des Sonderberichterstatters über Folter (E/CN.4/1992/17), über standrechtliche oder willkürliche Hinrichtungen (E/CN.4/1992/30), über religiöse Intoleranz (E/CN.4/1992/52) und über den Bericht der

Arbeitsgruppe zu dem zwangsweisen und nicht-freiwilligen Verschwinden von Menschen (E/CN.4/1992/18);

4. fordert die Regierung der Volksrepublik China auf, Maßnahmen zu ergreifen, um die volle Beachtung der Menschenrechte und Grundfreiheiten der Tibeter sicherzustellen;
5. lädt die Regierung der Volksrepublik China ein, weiterhin den Anfragen auf Information durch die Sonderberichterstatter nachzukommen;
6. ersucht den Generalsekretär der Unterkommission für Menschenrechte zu ihrer 49. Sitzung einen Bericht über die Lage in Tibet vorzulegen."

27 der 53 stimmberechtigten Staaten in der UN-Kommission stimmten für den Antrag Pakistans. 15 Staaten, alles westliche Staaten, sowie Japan und Costa Rica stimmten dagegen, und 10 Staaten enthielten sich der Stimme. Die Resolution konnte nicht behandelt werden.

Am Tag, an dem dieses Ergebnis bekannt wurde, trat Richard Schifter (der höchste für Menschenrechtsfragen verantwortliche Beamte im Außenministerium der USA) von seinem Posten zurück.

Infolge des prozeduralen Antrags Pakistans, der angenommen wurde, konnte zwar bei der Unterkommission für Menschenrechte der Vereinten Nationen keine konkrete Resolution verabschiedet werden, in der China kritisiert wurde. Trotzdem dürfte ein nicht zu unterschätzender Nutzen darin bestehen, daß die Resolution vorgeschlagen wurde und daß dabei die 12 EG-Staaten eine führende Rolle spielten. China muß sich ein für allemal bewußt sein, daß heute die Welt genau beobachtet, was in Tibet geschieht, und sich nicht gleichgültig abwendet.

Friedensnobelpreis

Im Herbst 1989 erhielt der Dalai Lama den Friedensnobelpreis. China hatte Norwegen gedroht, daß es ernsthafte Konsequenzen für die bilateralen Beziehungen haben werde, wenn der norwegische König dem Dalai Lama diesen Preis übergeben werde. Doch Norwegen ließ sich nicht beirren.

Der Kernsatz der Begründung für die Verleihung des Friedensnobelpreises durch das Nobelkomitee lautet:

„Der Dalai Lama gründet seine Friedensphilosophie auf die Ehrfurcht vor allem Leben und auf den Gedanken einer universellen Verantwortung, die sowohl Menschen wie Natur umfaßt ..."

Im Dezember 1989 hielt der Dalai Lama in Oslo folgende Rede, in der deutlich zu spüren ist, daß der Gottkönig Tibets entsprechend seiner Funktion als Reinkarnation Avalokiteshvaras, des Bodhisattva der Barmherzigkeit, in seinem politischen Denken durch eben die Prinzipien der Versöhnung und Barmherzigkeit geleitet wird:

„Eure Majestät, verehrte Mitglieder des Nobelausschusses, liebe Brüder und Schwestern,

ich freue mich sehr, heute hier bei Ihnen zu sein, um den Friedensnobelpreis entgegenzunehmen. Die Verleihung dieses bedeutenden Preises an einen einfachen Mönch aus Tibet empfinde ich als Ehre — ich bin darüber gerührt und zutiefst bewegt. Ich bin nichts Besonderes. Meiner Auffassung nach stellt dieser Preis eine Anerkennung des wahren Wertes der Selbstlosigkeit, der Liebe, des Mitgefühls und der Gewaltlosigkeit dar, die ich in Übereinstimmung mit den Lehren Buddhas und den großen Weisen Tibets und Indiens zu praktizieren suche.

Im Namen der Unterdrückten in allen Teilen der Welt und für alle diejenigen, die für die Freiheit kämpfen und sich für den Weltfrieden einsetzen, nehme ich diesen Preis mit großer Dankbarkeit an. Ich nehme ihn als Tribut an den Begründer der modernen Tradition der friedlichen Herbeiführung von Veränderungen – Mahatma Gandhi –, dessen Leben mich inspiriert und mir als Vorbild gedient hat, und natürlich nehme ich ihn an im Namen der sechs Millionen Tibeter – meiner mutigen Landsleute in Tibet –, die so sehr leiden und gelitten haben. Sie sind mit einer sorgfältig durchdachten und systematischen Strategie konfrontiert, die auf die Vernichtung ihrer nationalen Identität abzielt. Der Preis bestätigt uns in unserer Überzeugung, daß Tibet mit Wahrheit, Mut und Entschlossenheit als unseren Waffen befreit werden wird.

Ganz gleich, aus welchem Teil der Welt wir kommen, wir sind im Grunde alle die gleichen Menschen. Wir alle streben nach Glück und sind bemüht, Leid zu vermeiden. Wir haben die gleichen grundlegenden menschlichen Bedürfnisse und Anliegen. Wir Menschen wollen alle Freiheit und das Recht, unser Schicksal als Einzelpersonen und Völker selbst in die Hand zu nehmen. Dies entspricht der menschlichen Natur. Die tiefgreifenden Veränderungen überall in der Welt – von Osteuropa bis Afrika – sind ein deutliches Anzeichen dafür.

In China wurde die Volksbewegung der Demokratie im Juni dieses Jahres mit brutaler Gewalt niedergeschlagen. Meiner Auffassung nach waren die Demonstrationen jedoch nicht vergeblich, da der Geist der Freiheit im chinesischen Volk erneut aufgeflammt ist und China sich dem Einfluß dieses Geistes der Freiheit, der zahlreiche Regionen der Welt erfaßt hat, nicht entziehen kann. Die mutigen Studenten und ihre Anhänger haben

der chinesischen Führung und der Welt das menschliche Gesicht dieser großen Nation gezeigt.
In der vergangenen Woche wurde eine Reihe von Tibetern bei Massenschauprozessen wieder einmal mit Freiheitsstrafen von bis zu 19 Jahren verurteilt – möglicherweise mit der Absicht, die Bevölkerung vor der heutigen Veranstaltung in Angst und Schrecken zu versetzen. Ihr einziges ‚Verbrechen' war, daß sie den allgemeinen Wunsch der Tibeter nach der Wiederherstellung der Unabhängigkeit ihres geliebten Landes zum Ausdruck gebracht haben.
Für das von unserem Volk in den vergangenen 40 Besatzungsjahren erlittene Leid gibt es genügend dokumentarisches Beweismaterial. Wir führen seit langem einen Kampf. Wir wissen, daß wir für eine gerechte Sache kämpfen. Da Gewalt nur mehr Gewalt und Leid zur Folge hat, muß unser Kampf frei von Haß und Gewalt bleiben. Wir versuchen, dem Leid unseres Volkes ein Ende zu setzen, und nicht, anderen Leid zuzufügen.
In dieser Absicht habe ich wiederholt Verhandlungen zwischen Tibet und China angeregt. 1987 unterbreitete ich im Rahmen eines 5-Punkte-Plans spezielle Vorschläge zur Wiederherstellung des Friedens und der Menschenrechte in Tibet. Einer dieser Vorschläge betraf die Umwandlung der gesamten Hochebene in die ‚Zone der Ahimsa', ein Sanktuarium des Friedens und der Gewaltlosigkeit, in dem Menschen und Natur in Harmonie leben können.
Im vergangenen Jahr erläuterte ich diesen Plan im Europäischen Parlament in Straßburg. Meiner Auffassung nach sind die von mir dort geäußerten Gedanken sowohl realistisch als auch vernünftig, obwohl sie von einem Teil meines Volkes als zu versöhnlich kritisiert worden sind. Leider haben die Führer Chinas auf meine Vorschläge, darunter bedeutende Konzessionen, nicht

positiv reagiert. Falls sich dies nicht ändert, sehen wir uns gezwungen, unsere Position zu überdenken.
Welches Verhältnis auch immer zwischen Tibet und China bestehen mag, es wird auf den Grundsätzen von Gleichheit, Respekt, Vertrauen und gegenseitigem Nutzen basieren müssen. Es wird ebenfalls auf dem Grundsatz beruhen müssen, den die weisen Herrscher Tibets und Chinas 823 nach Chr. vertraglich festlegten und der in der Säule eingemeißelt ist, die heute noch vor dem Jokhang, dem heiligsten Schrein Tibets, steht: ‚Die Tibeter werden glücklich in dem großen Land Tibet leben, und die Chinesen werden glücklich in dem großen Land China leben.'
Als buddhistischer Mönch gilt meine Fürsorge allen Mitgliedern der menschlichen Familie und in der Tat allen fühlenden Wesen, die leiden. Meiner Auffassung nach wird alles Leid durch Unwissenheit verursacht. Menschen fügen anderen in ihrem selbstsüchtigen Streben nach Glück oder Befriedigung Schmerz zu.
Wirkliches Glück rührt jedoch von einem Gefühl des inneren Friedens und der Zufriedenheit her, die ihrerseits durch Selbstlosigkeit, Liebe und Mitgefühl sowie die Beseitigung von Unwissenheit, Selbstsucht und Habsucht erreicht werden müssen.
Unsere heutigen Probleme – Gewalt und Konflikte, die Zerstörung der Natur, Armut, Hunger etc. – sind von Menschen geschaffene Probleme, die von den Menschen selbst durch eigene Anstrengungen und Verständnis sowie durch die Entwicklung brüderlicher Gefühle gelöst werden können. Wir müssen ein allumfassendes Verantwortungsgefühl füreinander und für unseren gemeinsamen Planeten entwickeln. Meiner Auffassung nach hat sich meine eigene buddhistische Religion für die Entwicklung von Liebe und Mitgefühl – selbst für diejenigen, die wir für unsere Feinde halten –

als hilfreich erwiesen, doch bin ich überzeugt, daß jeder mit oder ohne Religion ein gutes Herz und ein allumfassendes Verantwortungsgefühl entwickeln kann.
Angesichts des wachsenden Einflusses der Wissenschaft auf unser Leben haben religiöse und spirituelle Werte eine größere Rolle zu spielen, indem sie uns an unsere Menschlichkeit erinnern. Zwischen diesen beiden Faktoren besteht kein Widerspruch. Jeder vermittelt uns einen wertvollen Einblick in den anderen. Sowohl die Wissenschaft als auch die Lehren Buddhas berichten uns von der fundamentalen Einheit der Dinge. Diese Einsicht ist von wesentlicher Bedeutung, wenn wir positive und entscheidende Schritte in der dringlichen, die gesamte Welt betreffenden Umweltfrage einleiten wollen.
Meiner Auffassung nach verfolgen alle Religionen die gleichen Ziele: Die Menschen gütiger und glücklicher zu machen. Die Mittel erscheinen zwar unterschiedlich, doch sind die Ziele die gleichen.
Beim Eintritt in die letzte Dekade dieses Jahrhunderts bin ich optimistisch, daß die alten Werte, die die Menschheit haben überleben lassen, sich heute erneut behaupten, um uns auf ein besseres, glücklicheres 21. Jahrhundert vorzubereiten.
Ich bete für alle von uns – Unterdrücker und Freunde gleichermaßen – daß es uns gemeinsam gelingen werde, durch Verständnis und Liebe eine bessere Welt aufzubauen und dabei den Schmerz aller fühlenden Wesen zu verringern.
Ich danke Ihnen."
Im Informationsbüro des Dalai Lama in Dharamsala konnte ich einen Videofilm von der Preisverleihung, dem vom norwegischen König gegebenen Festessen und einer Fahrt des Dalai Lama im Rentierschlitten sehen. Der Ausdruck des Gottkönigs Tibets, als der Schlit-

ten hinter den Rentieren durch den Schnee glitt, zeugt von überschwenglicher Freude. Dieser Programmpunkt muß ihm besonderen Spaß gemacht haben.
Für den Dalai Lama persönlich bedeutete der Nobelpreis nicht sehr viel, er erkannte jedoch sofort, daß die Verleihung des Preises für die Tibeter von großer Wichtigkeit war. Er machte in seinen Dankesreden sehr deutlich, daß die Tibeter die eigentlichen Gewinner des Friedensnobelpreises seien.
Die mit dem Preis verliehene Summe verwandte der Dalai Lama für verschiedene humanitäre Aktionen. Unter anderem erhielt die Anfang 1990 ins Leben gerufene Organisation der Vereinten Nationen für die humanitäre und wirtschaftliche Hilfe in Afghanistan, UNOCA, einen Teil des Geldes.

Unterstützung durch Osteuropa

„Kleinere Staaten haben manchmal das größere Herz", hatte mir der Dalai Lama 1990 gesagt, als wir über die Möglichkeit der Unterstützung durch deutschsprachige Staaten wie Deutschland, Österreich und Liechtenstein sprachen. Der Dalai Lama hatte 1990 Vaduz in Liechtenstein besucht, wo heute Heinrich Harrer zuhause ist, der sieben Jahre in Tibet lebte und dort einer der Lehrer des jungen Dalai Lama gewesen war.
Dann war unser Gespräch auf mögliche Unterstützung durch die soeben unabhängig gewordenen Staaten Osteuropas gekommen. Ich fragte den Dalai Lama, ob er sich eine politische Lösung für Tibet analog den Lösungen in Namibia und Kambodscha vorstellen könne. Der Dalai Lama entgegnete:
„Namibia, Kambodscha und Tibet. Ich denke, es gibt einige Ähnlichkeiten, aber auch große Unterschiede.

Die Situation Tibets ist eher derjenigen der baltischen Staaten sehr viel ähnlicher, obwohl diese für eine gewisse Zeit Teil der Sowjetunion blieben. Sie wurden wie Tibet mit Gewalt annektiert. Tibet wurde gezwungenermaßen Teil Chinas ... Den chinesischen Gewehren in Tibet wird vielleicht eine Übergangsphase von zehn Jahren bleiben."
Ich fragte weiter, ob die Unterstützung für Tibet, die neue Dynamik europäischen Engagements, nicht aus dem Westen, sondern von Osteuropa kommen könne.
Der Dalai Lama antwortete: „Das ist möglich. Wenn man selbst unterdrückt war, resultiert daraus ein besonderes Gefühl. Die Menschen dort mußten Leid ertragen. Hieraus, scheint es, entwickelt sich Anteilnahme für Menschen in ähnlichen Situationen. Ich war in der DDR, in Ost-Berlin (im Herbst 1989, Anmerkung d. Verf.) für etwa zwei Stunden. Und dann in Prag. An beiden Orten habe ich eine spontane, freundliche Anteilnahme der Bevölkerung spüren können."
Ganz besonders beeindruckt war der Dalai Lama, als er Ende 1989, genau an dem Tag, an dem Egon Krenz gestürzt wurde, in Ost-Berlin war. Er besuchte die Mauer. Beobachtet von einem bewaffneten Vopo, gab ihm eine alte Frau eine rote Kerze. Er zündete sie an und hielt sie in die Höhe. Zuerst flackerte die Flamme und schien fast zu erlöschen, aber dann brannte sie doch weiter. Während er von einer Menschenmenge umgeben war und viele zum Dalai Lama drängten, um seine Hände zu berühren, betete er, daß das Licht der Barmherzigkeit und der Erkenntnis die Welt erfüllen und die Dunkelheit der Furcht und der Unterdrückung verdrängen möge. Er schreibt in seiner Autobiographie, daß er diesen Augenblick nie vergessen werde.
Der frühere Dissident Vaclav Havel hatte unmittelbar, nachdem er Präsident der von der UdSSR unabhängig

gewordenen Tschechoslowakei geworden war – unbeeindruckt von allen Protesten aus Peking –, als ersten offiziellen Staatsgast den Dalai Lama eingeladen. Der Empfang, der dem Dalai Lama bereitet wurde, war einzigartig. Es sei wie in der Äußeren Mongolei gewesen, sagte ein enger Mitarbeiter des Dalai Lama. Zehntausende seien zusammengeströmt, als ob sie Segnungen vom Gottkönig Tibets erfahren wollten. Bereits am Flughafen waren Hunderte von Menschen, die die tibetische Flagge schwenkten und „Tashi Delek" (ein tibetisches Grußwort, das „Viel Glück" bedeutet) riefen. Der 90jährige Kardinal Tomasek teilte dem Dalai Lama mit, daß sein Besuch eine Ehre für die Bevölkerung der Tschechoslowakei sei.

Der Dalai Lama hielt einen öffentlichen Vortrag über die buddhistische Lehre, dem sich zehn Minuten Meditation anschlossen. Mit Havel führte er nicht nur politische Gespräche, sondern er unterrichtete ihn und einige seiner Mitarbeiter über die Praxis der buddhistischen Meditation.

Auf dem Wenzelsplatz betete der Dalai Lama für die Opfer von Unterdrückung und Ungerechtigkeit. Eine Menschenmenge demonstrierte vor der Botschaft der Volksrepublik China und forderte die Unabhängigkeit Tibets und ein Ende der Menschenrechtsverletzungen. Auf Einladung des litauischen Präsidenten Vytautas Landsbergis besuchte der Dalai Lama von Ende September bis Anfang Oktober 1991 Litauen. Er war der erste offizielle Staatsgast des kürzlich unabhängig gewordenen Landes.

Der Dalai Lama pries in einer Rede den gewaltfreien Kampf, der nach über 50 Jahren Besetzung durch eine fremde Macht zur Unabhängigkeit führte. Er sagte, daß Litauen anderen Nationen als Inspiration dienen könne, aber er warnte:

„Während dieser kritischen Zeit dürfen Grundprinzipien nicht der Zweckmäßigkeit wegen geopfert werden. Von besonderer Bedeutsamkeit ist Euer Festhalten an den Prinzipien der Selbstbestimmung und Gewaltfreiheit."
Er sprach von den Problemen in Tibet:
„Wir können uns nicht von dieser Tyrannei ohne die Unterstützung freiheitsliebender Menschen außerhalb Tibets befreien." Der Erfolg Litauens gebe den Tibetern Hoffnung, daß auch sie bald die Unabhängigkeit feiern könnten.
Anschließend besuchte der Dalai Lama auf Einladung Präsident Anatolij Gorbunovs Lettland. Er sprach in Riga mit Abgeordneten des Parlaments und hielt eine Rede in der Universität.
Abschließend besuchte er Estland, wurde hier allerdings nicht offiziell empfangen. Er hatte lediglich private Gespräche mit Parlamentariern.
Anfang Oktober reiste der Dalai Lama weiter zu einem Staatsbesuch nach Bulgarien. Er traf dort den Präsidenten Schelju Schelew.
Im Februar 1992 gründeten 29 litauische Parlamentsabgeordnete eine „Parlamentarische Unterstützungsgruppe für Tibet".
In der Satzung heißt es: „Wir erkennen Seine Heiligkeit, den Dalai Lama, und die tibetische Regierung im Exil als die wahren Vertreter der Nation Tibet an; wir geloben die legitimen Bestrebungen der tibetischen Nation in internationalen Organisationen und Foren zu unterstützen."

1991 traf der Dalai Lama Präsident Bush in Washington und den britischen Premierminister Major in London. Vor der heiligsten Buddhastatue Tibets im Jokhang-Tempel in Lhasa prangt inzwischen ein Foto von Premierminister John Major an der Seite des Gottkönigs Tibets.

Im Frühjahr 1992 besuchte der Dalai Lama Australien und traf Premierminister Keating in Canberra. In Neuseeland empfing ihn Premierminister Bolger.

Anschließend, Mitte Mai 1992, besuchte der Dalai Lama Südamerika. Er war kurz vor Beginn der Umweltkonferenz der Vereinten Nationen in Rio de Janeiro, was die chinesische Regierung zu der Drohung veranlaßte, Premierminister Li Peng werde nicht zu dem Umweltgipfel kommen, bevor der Dalai Lama abgereist sei. Trotzdem empfing der brasilianische Präsident den Dalai Lama. Er wurde zum Ehrenbürger von Porto Alegre ernannt.

Dann war er in Buenos Aires Gast des argentinischen Präsidenten Menem und hielt Vorträge an der Universität von Buenos Aires und der Nationalen Universität von Cordoba.

Es schlossen sich Besuche Chiles und Venezuelas an.

Diese Serie von Treffen des Gottkönigs Tibets mit hochrangigen Politikern muß Peking beunruhigen.

Ende Juli 1992 war der Dalai Lama Ehrengast bei der Eröffnung der Salzburger Festspiele und führte Gespräche mit dem österreichischen Bundespräsidenten und dem Bundeskanzler. Die Zeitungen berichteten von der Begeisterung der Menschen während seiner Rede zur Eröffnung der Festspiele. „Alles ist perfekt hier“, sagte der Dalai Lama. „Aber ich kann nicht vergessen, was während der Feierlichkeiten sonst in der

Welt geschieht ... Wir legen zuviel Wert auf Nebensächliches. Wenn das Mittagessen verspätet kommt oder wenn uns eine Mücke sticht, dann ist das unangenehm. Aber was ist das alles gegen das unglaubliche Leid, das die Menschen sich selbst zufügen!" Seine Worte über das schreckliche Blutvergießen in den Nachfolgestaaten Jugoslawiens gingen den Zuhörern ans Herz.

Der völkerrechtliche Status Tibets

„Wissen, was man weiß,
und wissen, was man nicht weiß,
das allein ist Wissen.“

Konfuzius

„Great Game", Tibets Status und die Diplomatie des Dalai Lama

Nach einem Besuch des Gesandten des Dalai Lama beschwichtigte der russische Außenminister Graf Lambsdorff: Die Kontakte seiner Regierung mit den Tibetern seien lediglich religiöser Natur und „könnten nicht als einen politischen oder diplomatischen Charakter tragend angesehen werden".

Was war geschehen? England hegte Argwohn und hatte gegen den Besuch der Delegation des Dalai Lama protestiert. Hatte doch der Zar im Juni 1901 in seinem Palast Peterhof in Sankt Petersburg den Gesandten des Gottkönigs Tibets, Agwan Dorzhiev, begleitet von Lobsang Kaintchok Hambo empfangen.

Auch die Zarin Maria Feodorovna und natürlich Graf Lambsdorff selbst empfingen die tibetische Delegation. Grund für die scharfe englische Reaktion war Mißtrauen, Rußland wolle sich in dem „Great Game", dem großen Spiel um die Kontrolle Zentralasiens, Vorteile verschaffen.

Nur drei Jahre später marschierten britische Truppen unter Oberst Younghusband in Tibet ein, zerstörten die Festung von Gyantse, der drittgrößten Stadt Tibets und eines wichtigen Handelsumschlagplatzes für Güter aus Nepal und Indien. Die britischen Truppen marschierten weiter und erreichten Lhasa. Die tibetische Armee war zu schwach, um effektiv Widerstand zu leisten. Die Regierung des Dalai Lama ersuchte China um militärische Hilfe, gegründet auf das bestehende Chö-Yön-Verhältnis. Doch China kam seiner Verpflichtung aus Sorge vor weiteren Konfrontationen mit England nicht nach. Der Dalai Lama flüchtete. Der Vertreter des chinesischen Kaisers in Lhasa, der Amban, erklärte auf britisches Drängen hin den Dalai Lama als abgesetzt.

Die Tibeter ignorierten diese Erklärung, die sie für absurd hielten. Es kam zu Verhandlungen. Im September 1904 wurde durch Younghusband als Vertreter Englands und den Regenten des Dalai Lama, sein Kabinett und die Vertreter der drei Klöster Sera, Drepung und Ganden, das sogenannte Lhasa-Abkommen unterzeichnet. Die britischen Truppen zogen ab. Dies war nicht zuletzt Folge des russischen Drucks auf die Regierung in London.

Unter dem Gesichtspunkt des Völkerrechts hat dieser britische Feldzug zu Beginn unseres Jahrhunderts interessante Aspekte: Nicht die „Schutzmacht" China protestierte gegen die zweifellos imperialistische Invasion Tibets, sondern es blieb Rußland vorbehalten, sich energisch gegen die Verletzung der Regeln des „Great Game's" durch England zu verwahren. Es wird sehr deutlich, daß China zu diesem Zeitpunkt keine effektive Kontrolle über das Territorium Tibets hatte. Peking war nicht einmal gewillt oder aber nicht in der Lage, seiner Verpflichtung aus den nach Art eines Protektorats gestalteten Chö-Yön-Beziehungen mit Tibet nachzukommen und militärischen Beistand gegen die Aggression der Engländer zu leisten.

88 Jahre nach Graf Lambsdorffs, des russischen Außenministers, Unterredung mit den diplomatischen Emissären des 13. Dalai Lama in Sankt Petersburg traf wiederum ein Graf Lambsdorff, der Vorsitzende der FDP und frühere Bundesminister, den 14. Dalai Lama während dessen Besuchs in Deutschland. Er zeigte sich hiermit als einer von wenigen Bonner Politikern couragiert. Ungeachtet der Proteste Chinas setzte er sich für menschenwürdige Zustände in Tibet ein. In seinem Vorwort zu dem 1990 erschienenen Buch „Inferno Tibet" von Bruno Zoratto betont er unmißverständlich seine entschiedene Haltung in dieser Frage: „Dem tibe-

tischen Volk ist in den vergangenen Jahrzehnten großes Unrecht geschehen. Teils wegen der Abgeschiedenheit Tibets, teils aber auch aus Opportunismus gegenüber den Machthabern in Peking hat die sonst so lautstarke Weltöffentlichkeit, von wenigen und deshalb um so eindrucksvolleren Ausnahmen abgesehen, vor diesem Unrecht die Augen verschlossen . . . Das Schicksal Honeckers, Ceausescus oder Noriegas steht als Menetekel auch für die chinesische Führung an der Wand."

Gewiß war es für die Bundesrepublik notwendig, aus Gründen der Staatsräson enge Beziehungen zur Volksrepublik China zu pflegen — insbesondere zur Zeit des kalten Krieges. China war im Rahmen einer Eindämmungsstrategie gegen weitere sowjetische Expansion unentbehrlich. Mit der friedlichen Befreiung Mittel- und Osteuropas und dem Zusammenbruch und der Auflösung der Sowjetunion ist jedoch die „raison d'être" dieser Eindämmungsstrategie entfallen. Besondere Rücksichtnahme auf Empfindlichkeiten der augenblicklichen Führung in Peking erscheint nicht mehr opportun, insbesondere nach dem Massaker auf dem Tiananmen-Platz in Peking und der Niederschlagung der Demokratiebewegung in China. Im Blick auf eine Wende in China, die ansteht, dürfte es sich vielmehr bezahlt machen, Distanz zu den jetzigen Machthabern gewahrt zu haben.

Diese Logik könnte auch dazu beigetragen haben, daß sich die Haltung der Vertreter der Bundesrepublik Deutschland bei der Kommission für Menschenrechte der Vereinten Nationen in Genf geändert hat: Vor Juni 1989 war die offizielle deutsche Haltung gegenüber — von einigen Staaten wiederholt initiierten — Resolutionen, in denen China wegen der Verletzung der Menschenrechte in Tibet kritisiert wird, stets negativ. Inzwischen gehört Deutschland zu den Ländern, die sich mit Nachdruck für die Menschenrechte in Tibet einsetzen. So etwa unterstützte die Bundesrepublik zusammen mit anderen Staaten der Europäischen Gemeinschaft im Frühjahr 1992 den Resolutionsentwurf, in dem China eben wegen dieser Verletzung der Menschenrechte in Tibet kritisiert wurde.

Sein Volk im Stich gelassen?

Der Nestor unter den Chinaexperten in Deutschland, Botschafter a. D. Dr. Erwin Wickert, äußerte sich auf einem von den Grünen unter Vorsitz von Petra Kelly und General a. D. Gert Bastian 1989 in Bonn einberufenen Hearing zu Tibet:

„. . . denn wenn ich noch einmal Konfuzius zitieren darf:
‚Wissen, was man weiß,
Und wissen, was man nicht weiß,
Das allein ist Wissen.‘
Freunde des Dalai Lama behaupten oft, die Chinesen hätten den tibetischen Staat überfallen und besetzt, und Frau Kelly und Herr Alt haben das sogar mit dem sowjetischen Einmarsch in Afghanistan verglichen. Nun, dieser Vergleich ist unstatthaft. Das Völkerrecht ist eine nüchterne, von Emotionen freie Sache: Besetzt worden sind von einer fremden Macht nach völkerrechtlichen Kriterien etwa die Staaten des Baltikums, die diplomatische Beziehungen zu vielen Staaten der Welt unterhalten hatten und auch Mitglieder des Völkerbundes waren. Tibet aber ist ein Teil Chinas, ebenso wie Georgien ein Teil der Sowjetunion ist. Mit dieser Teilrepublik der UdSSR ist es allenfalls zu vergleichen . . .“

„Si tacuisses . . .“, wie das alte lateinische Sprichwort so treffend sagt. Wickert konnte natürlich 1989 nicht ahnen, daß Georgien schon knapp zweieinhalb Jahre später seine volle Souveränität wiedererlangen würde.

Tibeter, die seine damaligen Worte genau registriert hatten, sagten mir, eine „georgische Lösung" wäre ihnen durchaus recht.

Wickert hatte vor dem Hearing weiter geäußert:

„Der Dalai Lama ist im Jahr 1959 aus Tibet geflüchtet, weil er nach einem gescheiterten Aufstand fürchtete, von den Chinesen verhaftet zu werden. Er hat sein Volk im Stich gelassen, während der zweithöchste geistige (wohl ‚geistliche' gemeint, Anmerkung des Verf.) Führer Tibets, der Panschen Lama, im Land blieb und schwere Verfolgungen, darunter eine Haft von 16 Jahren, auf sich nahm . . ."

Die Äußerung „er hat sein Volk in Stich gelassen" ist von bemerkenswerter Absurdität und dürfte auf allzu großer Affinität zur Propaganda Pekings beruhen.

Über die Menschenrechte machte Wickert auf dem Hearing folgende Bemerkung: „In China, wo man seit über zweieinhalbtausend Jahren vornehmlich über Politik philosophierte, hat man nie von Menschenrechten, sondern nur von Menschenpflichten gesprochen."

Im März 1992 hatte sich dann Wickerts Urteil über China geändert. Er schrieb in einem FAZ-Artikel:

„Nicht wir isolieren China, es hat sich selbst isoliert: mit den Pekinger Massakern und mit der laufenden Ablehnung der Menschenrechtsvorstellungen in Wort und Tat, zu denen es sich beim Eintritt in die Vereinten Nationen doch verpflichtet hatte . . .

Seit jeher wechseln in der chinesischen Geschichte Perioden starker Zentralgewalt mit Perioden, in denen der Kaiser schwach war und die Provinzen ihre eigenen Wege gingen. Steht jetzt ein solcher Wechsel zugunsten der Provinzen bevor? Oder werden sie noch weiter auseinanderdriften wie in den Jahrzehnten zwischen den Weltkriegen? Oder wird etwa das Reich zerfallen wie schon öfter in seiner langen Geschichte?"

China ohne Rechtsanspruch auf Tibet

Das Informationsbüro des Dalai Lama in Dharamsala hat 1989 drei Rechtsgutachten über den völkerrechtlichen Status Tibets veröffentlicht. Es handelt sich um die Gutachten von „Wilmer, Cutler and Pickering, 7. 5. 1986", den „Extract from the Report by the International Commission of Jurists' Legal Inquiry Committee on Tibet, 1960" und das Gutachten des Wissenschaftlichen Dienstes des Bundestags, 1987.
Alle drei Gutachten vertreten die Auffassung, daß Tibet von 1911/12 bis 1951 ein voll souveräner Staat war. Hierfür spricht auch, daß Tibet während des Zweiten Weltkriegs neutral blieb, während China Deutschland den Krieg erklärte.
Ein Telegramm Mao Tse-tungs an den Panchen Lama, in dem er zum Ausdruck bringt, daß der „Anschluß" Tibets an das Mutterland China wünschenswert sei, erscheint in diesem Zusammenhang auch von Bedeutung. Vom Anschluß eines Staates kann ein anderer Staat nur reden, wenn dieser bisher noch nicht Teil des eigenen Staatsverbandes ist.
Großbritannien hatte diplomatische Beziehungen zum unabhängigen Tibet. Nach der Unabhängigkeit Indiens übernahm der neue indische Botschafter die britische Vertretung in Lhasa. Nepal unterhielt ebenfalls diplomatische Beziehungen zu Tibet.
De facto ist Tibet heute Teil des chinesischen Staatsverbandes. Grund hierfür ist allerdings die gewaltsame Annexion Tibets durch China. Opfer dieser Gewalt waren 1,2 Millionen Menschen, die unter chinesischen Händen umkamen oder, weil sie nach der chinesischen Invasion nicht mehr ausreichend Nahrungsmittel erhielten, verhungerten. Weil die Annexion Tibets gewaltsam war, konnte China keinen völkerrechtlich

wirksamen Rechtstitel auf Tibet erwerben. Insbesondere gibt China das 17-Punkte-Abkommen zwischen China und Tibet von 1951 keinen rechtswirksamen Anspruch. Dieses Abkommen wurde von der tibetischen Verhandlungsdelegation in Peking nur unter Druck der Chinesen unterzeichnet, obwohl sie dazu von der tibetischen Regierung nicht ermächtigt waren. Auch die Tatsache, daß die tibetische Regierung bis 1959 bemüht war, die in dem Abkommen enthaltenen, sie betreffenden Bestimmungen einzuhalten, führt nicht zu einer De-facto-Anerkennung und somit Gültigkeit des 17-Punkte-Abkommens, da China seine Verpflichtungen in dem Abkommen nicht einhielt, ja aufs gröbste verletzte. Das Abkommen ist daher als ungültig anzusehen.

China hat auch durch Ersitzung keinen Rechtstitel auf Tibet erhalten. Ein solcher Rechtstitel würde voraussetzen, daß die tibetische Bevölkerung sich mit der Annexion abgefunden hätte und es keinen Widerstand gegen die chinesische Herrschaft gäbe. Genau das Gegenteil ist aber der Fall, Ersitzung scheidet somit aus.

Als der damalige französische Staatspräsident Giscard d'Estaing in den 70er Jahren im Anschluß an einen Staatsbesuch in China auch Lhasa besuchen wollte, fand die französische Diplomatie eine elegante Formulierung, die eine Anerkennung der widerrechtlichen Annektion Tibets durch China vermied. Nach seinem Abflug aus Peking meldeten die französischen Zeitungen, der Präsident habe China verlassen und sei auf dem Weg nach Tibet. Peking fühlte sich verpflichtet, formell zu protestieren, aber Giscards Zweck war erreicht, Lhasa zu sehen, ohne durch eine Anerkennung der chinesischen Gewaltherrschaft in Tibet die Tibeter und die Welt zu brüskieren.

Weg der Freiheit für Tibet

„Mit der Unfreiheit ist es wie mit dem Tau am frühen Morgen, der verschwindet, sobald ihn die ersten Strahlen der aufgehenden Sonne berühren."

Dalai Lama

Strategie für Tibet vor der Vollversammlung der Vereinten Nationen und dem Internationalen Gerichtshof

Die Unterkommission für Verhütung von Diskriminierung und Schutz von Minderheiten der Vereinten Nationen in Genf hat erstmals im August 1991 eine Resolution verabschiedet, in der die Verletzung der Menschenrechte in Tibet durch China verurteilt wird.

Die tibetische Frage ist von der Vollversammlung der UNO nur 1959, 1961 und 1965 diskutiert worden. Zwar hatte 1950 der Vertreter El Salvadors bei den Vereinten Nationen, zunächst unterstützt von den Delegationen Indiens und der USA, die Vollversammlung ersucht, die Bitte der Regierung Tibets um Hilfe gegen die Aggression der Chinesen in einer Debatte zu behandeln. In dem Appell der Tibeter hieß es: „Wir können Ihnen versichern, Herr Generalsekretär, daß Tibet nicht ohne Kampf untergehen wird. Obwohl es wenig Hoffnung gibt, daß eine Nation, die sich dem Frieden gewidmet hat, den brutalen Anstrengungen von Männern, die für den Krieg ausgebildet sind, widerstehen wird, haben wir Kenntnis davon, daß die Vereinten Nationen sich verpflichtet haben, Aggressionen zu stoppen, wo immer sie auch stattfinden."

Leider hatte sich die Regierung in der Annahme geirrt, daß die Vereinten Nationen bereit seien, entsprechend der in ihrer Charta verankerten Verpflichtung die Aggression Chinas zu stoppen.

Zwei Tage vor dem Appell hatten die kommunistischen chinesischen Streitkräfte auch in Korea interveniert. Hierdurch war die Aufmerksamkeit von Tibet abgelenkt. Am Tag der Behandlung des tibetischen Gesuchs begann General MacArthur eine militärische Offensive in Korea. Die indische Regierung wollte zwischen China und den USA vermitteln, und der Vertreter Indiens bei den Vereinten Nationen überzeugte seine eigene Regierung, daß Indiens Unterstützung für El Salvadors Vorschlag für diese Vermittlungsbemühungen wie auch für eventuelle Vermittlung Indiens im Konflikt zwischen China und Tibet hinderlich sein könnte. Der britische Vertreter und schließlich auch der Vertreter der USA schlossen sich dieser Ansicht an. Tibet wurde nicht auf die Tagesordnung der Vollversammlung der Vereinten Nationen gesetzt.

1959 haben das damalige Malaya und Irland die Vollversammlung ersucht, die Situation in Tibet zu diskutieren. 1961 brachten dann Irland, Malaya, Thailand und El Salvador die Frage Tibets erneut vor die Vollversammlung, dann wiederum 1965, wobei sich den obigen Staaten auch Nicaragua und die Philippinen anschlossen. Die von der Vollversammlung der Vereinten Nationen verabschiedeten Resolutionen verurteilten die chinesische Politik und die Verletzung der Menschenrechte in Tibet.

Sicherlich wäre es jetzt an der Zeit, daß Tibet freundlich gesonnene Staaten vorschlügen, die Frage und insbesondere den Status Tibets erneut in der Vollversammlung zu diskutieren.

Die zentral- und osteuropäischen Staaten, die sich vor kurzem von der kommunistischen Unterdrückung befreit haben, dürften möglicherweise besondere Bereitschaft zeigen, die Vollversammlung zu ersuchen, „die wirtschaftlichen und sozialen Bedingungen und den Status Tibets“ zu erörtern.

Wenn die chinesische Regierung unter Protest den Einwand erheben sollte, daß die Frage Tibets eine innere Angelegenheit der Volksrepublik China sei, könnten die legitime Regierung Tibets und die Staaten, die das Anliegen Tibets unterstützen, den Internationalen Gerichtshof in Den Haag um ein Rechtsgutachten hinsichtlich des rechtlichen Status Tibets ersuchen. Ein solches Gutachten würde mit ziemlicher Sicherheit feststellen, daß die Besetzung und Annexion Tibets illegal war, daß China sich des Genozids schuldig gemacht hat und daß schließlich – weil Tibet auch nach 1959 niemals die Fremdherrschaft akzeptierte – China keinen Rechtsanspruch auf Tibet erworben hat.

Dadurch, daß die Frage Tibets vor die Vollversammlung der UNO gebracht wird, dürfte sich zweifellos die Weltöffentlichkeit erneut mit dem Schicksal Tibets befassen. Auf diese Weise könnte die chinesische Regierung bewogen werden, einen Kompromiß zu suchen, Gespräche mit der Exilregierung Tibets zu akzeptieren und schließlich dem 5-Punkte-Programm des Dalai Lama zuzustimmen.

Wenn die chinesische Regierung dagegen keine kompromißbereite Haltung zeigen sollte, könnte vor der Vollversammlung der UNO eine der Forderungen der legitimen Regierung Tibets, unterstützt von freundlich gesonnenen Regierungen, darin bestehen, daß Tibet vorübergehend unter das Mandat der Vereinten Nationen gestellt wird – in Anlehnung an das Beispiel Namibias und Kambodschas. Nach einem solchen Modell erhielte die UNO die Souveränität Tibets für eine Übergangsphase übertragen, bis das tibetische Volk sein Recht auf Selbstbestimmung durch freie Wahlen ausüben kann.

Wie im Fall der illegalen Besetzung Kambodschas bis zum Abkommen von Paris im Oktober 1991 über die politische Lösung und im Fall Afghanistans bis zum Abzug der sowjetischen Truppen 1989 könnte die Vollversammlung jedes Jahr eine Resolution zu Tibet verabschieden. Die Essenz einer solchen Resolution sollte die Forderung nach Rückzug der chinesischen Truppen

und das Recht des tibetischen Volkes auf Selbstbestimmung sein.
Ohne Zweifel würden derartige Resolutionen einen gewissen Druck auf China ausüben, auf eine für die Tibeter befriedigende Verständigung hinzuarbeiten.
Der geistigen Kraft, die aus der unbezwingbaren Sehnsucht der Tibeter nach Freiheit erwächst, hat die gegenwärtige chinesische Führung nichts entgegenzusetzen als brutale Macht, die sich auf die Gewehrläufe ihrer Soldaten gründet.
Unterstützt von den freiheitsliebenden Völkern überall in der Welt und durch den Einsatz ihrer Regierungen vor der Vollversammlung der Vereinten Nationen, könnten die Bemühungen für die Freiheit Tibets erfolgreich sein.

Chancen nach Ende der kommunistischen Herrschaft in China?

Wie wird sich die Lage für Tibet ändern, wenn es tatsächlich eine neue Situation in China geben sollte, wenn also das kommunistische Regime in Peking sich selbst auflöst oder gestürzt wird?
Der Vorsitzende der „Föderation für Demokratie in China", Yan Jiaqi, äußerte im September 1989 bei einer Pressekonferenz in Paris:
„Wir werden glücklich sein, wenn der Dalai Lama seine Vertreter schickt. Der Vertreter des Dalai Lama wird zu unserer Pressekonferenz kommen. Ihr Anliegen ist das gleiche wie das unserige. Das Engagement für Demokratie betrifft jeden Chinesen, der in China lebt, die Tibeter, Han und die Menschen Hongkongs, Taiwans und überall.
Während der Vorbereitung dieser Konferenz haben wir die tibetische Frage mehrere Mal diskutiert. Wir sind

der Überzeugung, daß der Begriff der konterrevolutionären Rebellion von 1959 und 1989 richtiggestellt werden wird, und wir hoffen, daß dies diskutiert werden könnte. Der Widerstand des tibetischen Volkes gegen die kommunistische Partei war richtig.
Ein Ziel unserer ‚Föderation für Demokratie in China' ist, den Respekt vor den Menschenrechten überall durchzusetzen, einschließlich in Tibet. Dies schließt selbstverständlich das Recht ein, an jede Religion zu glauben, an die man glauben will. Man muß die Religionsfreiheit ebenso respektieren wie die Freiheit, nicht an eine Religion zu glauben. Unser demokratisches China wird ein neues System haben, etwa als Vereinigte Staaten von China oder als Föderationen ... Ich persönlich denke, daß die Lösung des tibetischen Problems eben die Lösung einer Föderation sein könnte.
Der Dalai Lama war 30 Jahre lang im Exil; wir zollen seinem fortgesetzten Kampf für eine bessere Lage in Tibet Respekt."
Es ist bemerkenswert, daß die Führer der Demokratiebewegung eine versöhnliche Haltung gegenüber Tibet einnehmen und das Selbstbestimmungsrecht des tibetischen Volkes anerkennen bzw. das Recht, in einem Staatsverband nur noch im Rahmen einer Föderation mit China verbunden zu sein. Sie unterscheiden sich damit nicht nur von der politischen Haltung der augenblicklichen Führung in Peking, sondern auch von derjenigen der Kuomintang unter Tschiang Kai-shek.

Das Konzept des Dalai Lama für die Zukunft Tibets

Im September 1991 zog der Gottkönig Tibets seinen 1988 vor dem Europäischen Parlament in Straßburg verkündeten Vorschlag zurück, in dem er nicht wie zuvor die volle Unabhängigkeit Tibets von China gefordert, sondern sich mit einer wirklichen Autonomie seines Landes zufriedengegeben hatte.

In einem Gespräch Ende Dezember 1991 erklärte mir der Dalai Lama sein neues Konzept für die Zukunft Tibets. Jetzt, nach zwölf Jahren äußerster Anstrengungen, um ein Arrangement zu finden, das – ganz unabhängig davon, welche Begriffe dafür gebraucht werden – eine Art höchsten Grades von Autonomie für Tibet hätte sein können, habe sich erwiesen, daß diese Bemühungen gescheitert seien. Dies liege an der Haltung Chinas.

Der Dalai Lama äußerte dazu:

„Bei den ersten direkten Kontakten mit der chinesischen Regierung zeigte diese Konzessionsbereitschaft. Sie erklärte ihre Bereitschaft, über alles zu sprechen, ausgenommen die Frage der vollen Unabhängigkeit Tibets."

Auf dieser Basis habe er während der vergangenen Jahre seine Bemühungen für Tibet fortgesetzt. Peking habe sich jedoch lediglich zum Schein bereit erklärt, Verhandlungen über Tibet zu führen. In der Zwischenzeit sei der von ihm eingeschlagene Weg der Kompromißbereitschaft gegenüber China überall in der Welt mit viel Kritik bedacht worden.

„Jetzt, nach zwölf Jahren vergeblicher Bemühungen, habe ich keine andere Wahl, als mich um die Unabhängigkeit zu bemühen. Praktisch, glaube ich, wird es sich dabei um Selbstbestimmung handeln."

Dabei werde er warten müssen, bis es in China eine neue Situation gebe. Er glaube aber nicht, daß China von den Ereignissen in der Sowjetunion lernen könne. Nein, das heutige China lerne überhaupt nicht. Die Führer Chinas seien stolz, sie glaubten, daß sie selbst die Russen belehren könnten. Seine augenblickliche Strategie, die in

einem gerade erarbeiteten Dokument festgelegt werden solle, sähe folgendermaßen aus:
„Wenn ich in Freiheit nach Tibet zurückkehre, wird meine erste Aufgabe darin bestehen, Wahlen zu organisieren und eine neue Regierung zu ernennen. Wahlen müssen auf Grundlage eines demokratischen Wahlsystems durchgeführt werden. Diese Regierung wird eine ‚Interim'-Regierung sein. Wenn diese Regierung einmal gebildet ist, werde ich selbst auf alle Regierungsautorität verzichten. Ich werde dann ein normaler Bürger sein. Danach sollte die Regierung sofort Wahlen zu einer verfassunggebenden Versammlung abhalten. Die zu erarbeitende Verfassung sollte, wenn möglich, säkular geprägt sein. In Wirklichkeit sind die Mehrheit der Tibeter Buddhisten. Es gibt zwar einige tausend Muslime und, ich schätze, ungefähr 100 000 Anhänger der traditionellen Religion, die formell gesehen kein Buddhismus ist. Daher soll die Regierung der Nation auf dem Säkularismus basieren ...
Die Volkswirtschaft wird nach dem System einer ‚mixed economy' organisiert sein. Die Demilitarisierung des Landes ist natürlich besonders wichtig. Ich strebe also eine solche Verfassung an. Nach deren Annahme müssen verfassungsgemäß wiederum Wahlen abgehalten werden. Durch diese Wahlen wird die Mehrheit der Wähler die Regierung ernennen."
Das künftige Regierungssystem Tibets soll somit nach den Wünschen des Dalai Lama keineswegs theokratisch geprägt sein, wie in der Zeit seiner früheren Herrschaft. Vielmehr ist sein Vorbild das Regierungssystem einer liberalen Demokratie mit Gewaltenteilung und politischer Partizipation der durch freie Wahlen bestimmten Volksvertreter.
Am 10. März 1992, dem 33. Jahrestag des Aufstandes gegen die chinesische Unterdrückung Tibets, hielt der

Dalai Lama eine richtungweisende Rede, die hier auszugsweise wiedergegeben wird:
„. . . Ich bin, was die Zukunft Tibets anbetrifft, optimistischer gestimmt als je zuvor. Dieser Optimismus gründet sich auf die Entschlossenheit des tibetischen Volkes innerhalb Tibets und auf die dramatischen Veränderungen, die es überall in der Welt gegeben hat, insbesondere in der Sowjetunion. Ich bin sicher, daß es in den nächsten fünf bis zehn Jahren größere Veränderungen in China geben wird.
Der Zusammenbruch totalitärer Regime in verschiedenen Teilen der Welt, der Zusammenbruch des sowjetischen Imperiums und das Wiedererstehen souveräner, unabhängiger Nationen stärken unseren Glauben an den Triumph der Wahrheit, der Gerechtigkeit und des menschlichen Geistes. Die blutige Oktoberrevolution von 1917, die das Geschick der Sowjetunion über sieben Dekaden bestimmt hat, fand ihr Ende in der unblutigen, gewaltfreien Revolution von 1991.
Wir wissen aus der Geschichte, daß die mächtigsten Reiche und Militärmächte kommen und vergehen. Keine Macht bleibt für immer sakrosankt. Dies erweist sich als besonders wahr in dieser modernen Zeit, in der die Macht der Nachrichtenübertragung so groß ist . . .
Die derzeitige chinesische Führung hat zwei Möglichkeiten: Sie kann einen aufgeklärten politischen Prozeß für einen friedlichen Übergang hin zu einer völlig demokratischen Gesellschaft beginnen und den Ländern, die sie mit Gewalt annektiert und besetzt hat, erlauben, ihre gleichberechtigten Partner in einer neuen Weltordnung zu werden. Oder sie kann das Land an den Abgrund eines blutigen politischen Kampfes führen, eine große Tragödie in einem Land, in dem ein Viertel der Menschheit lebt. Von unserer Seite wird es nicht an gutem Willen oder Aufrichtigkeit mangeln, wenn die chi-

nesische Regierung echtes Interesse an der Lösung der tibetischen Frage zeigen sollte. Auch wenn der Vorschlag von Straßburg, den ich vor drei Jahren gemacht habe, nicht länger gültig ist, sind wir dem Verhandlungsweg verpflichtet. Diese Bereitschaft haben wir deutlich durch meinen Vorschlag, Tibet bald zu besuchen, zum Ausdruck gebracht. Leider ist dieser Vorschlag von der chinesischen Regierung abgelehnt worden ...

Das einzigartige Prinzip unseres Kampfes ist seine Gewaltlosigkeit gewesen. Während wir fortfahren, für unsere legitimen Rechte zu kämpfen, dürfen wir nicht von diesem Weg der Gewaltfreiheit abweichen. Ich hege keinerlei Zweifel, daß unser Volk wie auch die Völker der Inneren Mongolei und Ost-Turkestans in voller Freiheit in ihren Ländern wiedervereinigt sein werden ...

Eine wirklich herzliche Beziehung zwischen Tibetern und Chinesen wird nicht nur die Auseinandersetzungen zwischen unseren beiden Nationen in diesem Jahrhundert beenden, sie wird den Tibetern auch ermöglichen, durch unsere reiche kulturelle Tradition einen wesentlichen Beitrag für den geistigen und seelischen Frieden unter Millionen junger Chinesen zu leisten ..."

Gerade dieser letzte Punkt des Beitrags für den „geistigen und seelischen Frieden" der Millionen junger Chinesen erscheint wichtig. Infolge des geistigen Vakuums nach dem Zusammenbruch des Anspruchs der Ideologie des Marxismus-Leninismus und des Gedankenguts Mao Tse-tungs sind viele junge Menschen orientierungslos. Es fehlen Werte. Das Streben richtet sich allein auf materielle Dinge.

Peking reagierte gereizt auf diese Rede. Es entschloß sich zu einer Art „Vorwärtsverteidigung" und warf dem Dalai Lama unmittelbar nach der Rede vor, er wolle die drei „Mongoleien", die Äußere Mongolei, die

Innere Mongolei und das Siedlungsgebiet der mongolischen Burjaten in Sibirien (die Region um Ulan Ude und Chita, Anm. des Verf.), wiedervereinigen. Die Führung in Peking muß sich bewußt sein, daß sie ihrer Bevölkerung, insbesondere ihren Jugendlichen, an „geistiger Führung" nichts mehr zu bieten hat und daß daher die Fundamente der Volksrepublik China bald ins Wanken geraten dürften.
Einer Neuorientierung der chinesischen Tibetpolitik steht auch aus geopolitischen Gründen nichts mehr im Weg: Zur Zeit der Bedrohung des kommunistischen China durch die USA von 1949 bis zur Wiederannäherung im Jahre 1972 hatte die Kontrolle Tibets für China erhebliche strategische Bedeutung. Seit dem Bruch mit der UdSSR zu Anfang der 60er Jahre und seit dem Krieg mit Indien im Jahre 1962 hatte China auch im Norden, Westen und Süden Feinde. Mit der Auflösung der UdSSR im Jahre 1991 ist aber keine Bedrohung Chinas mehr erkennbar. Insofern erscheint eine Neuorientierung der chinesischen Sicherheitspolitik angebracht. Es hat für China wenig Sinn, seine Kolonialpolitik in Tibet fortzuführen, dadurch die Tibeter als Feinde zu haben und in der Weltöffentlichkeit wegen der Verletzung der Menschenrechte in Tibet ständig am Pranger zu stehen.
Am 6. Oktober 1991 wurde zum 74. Jahrestag der Oktoberrevolution in Rußland die kommunistische Partei aufgelöst, am 25. Dezember 1991 die Sowjetunion. Sieht Peking die Zeichen an der Wand?
Der Dalai Lama hat einmal gesagt, daß es mit der Unfreiheit sei wie mit dem Tau am frühen Morgen, der verschwinde, sobald ihn die ersten Strahlen der aufgehenden Sonne berühren.
Die sprirituelle Kraft des tibetischen Buddhismus, die Strahlkraft des Geistes der Tibeter und ihre unüber-

windliche Sehnsucht nach Freiheit deuten darauf hin, daß Hoffnung besteht für Tibet.
Es spricht viel dafür, daß auch für China der Anfang vom endgültigen Ende des Kommunismus bereits begonnen hat. Der spirituelle Kampf für die Freiheit in Tibet könnte sich bald als siegreich in alle Richtungen erweisen.

Anhang 1

Rede des Panchen Lama vor dem ständigen Komitee des Nationalen Volkskongresses, Peking, 28. März 1987

„Der Bericht der Regierung über die geleistete Arbeit und andere Angelegenheiten, der von Zhao Ziyang vorgetragen wurde, ist allerseits mit großer Anerkennung aufgenommen worden, und ich unterstütze dies voll und ganz.

Es ist gut, wenn wir über alle Aspekte unseres Landes sprechen. Die Weisungen für die Politik durch das 3. Treffen der 11. Sitzung des Zentralkomitees der KPCh waren angemessen für die Realität unseres Landes. Ich habe keinen Zweifel daran, daß sie helfen werden, die Effizienz zu verbessern, und gute Ergebnisse hervorbringen werden ...

Unser Land ist ein Land vieler Nationalitäten. Außer den Chinesen gibt es 55 Nationalitäten, die in der Minderheit sind.

Der zuvor herrschende linke Trend hat insbesondere nach der Kulturrevolution verursacht, daß viele Minoritäten leiden mußten. Vor kurzem wurde absichtlich eine Geschichte veröffentlicht ‚Pasang und ihre Verwandten', um die Tibeter lächerlich zu machen. Im letzten Jahr äußerten unsere Vertreter in Tibet ihre Einwände gegen diese Geschichte, als sie noch ein Filmdrehbuch war. Wir baten sogar den Stellvertretenden Vorsitzenden Ngabo Ngawang Jigme, unsere Vorbehalte gegen diese Geschichte an die betroffenen Abteilungen weiterzugeben. Es gab jedoch keine Antwort. Der Film erhielt statt dessen den ersten Preis. Ein anderer Film dieser Art ‚Barmherzigkeit ohne Vergeben' (Compassion without Mercy) bekam auch einen Preis. Dinge dieser Art sind auch anderen Nationalitäten angetan worden.

Im letzten November wurde ein 10-Punkte-Dokument herumgereicht, mit der Weisung, daß wir es lesen sollten. Aber dieses Dokument enthielt kein Wort über die regionale Autonomie der Minoritäten-Gebiete. Während der 20. Sitzung des Ständigen Ausschusses des Nationalen Volkskongresses fragten wir die Rechtsabteilung, wieso eine solch bedeutende Angelegenheit im Dokument nicht erwähnt sei. Die Antwort lautete, daß das Studium der Gesetze für die Regierungsgewalt in den autonomen Regionen den Minoritäts-Nationalitäten überlassen bleiben soll. Ich äußerte starke Einwände dagegen, indem ich sagte, daß sie auch von den Chinesen und insbesondere den Beamten, die in der Lage seien, sie anzuwenden, studiert werden sollten. Ich sagte: ‚Es ist nicht so, daß wir nicht in der Lage sind, Macht auszuüben, aber uns ist keinerlei Macht gegeben worden. Ein Sklave ist nackt, nicht weil er keine Kleider anziehen will, sondern weil sein Herr ihm keine Kleider gegeben hat.'
... Zur Zeit der Befreiung gingen Mao Tse-tung und Chou Enlai in Rücksprache mit den betroffenen Nationalitäten vor. Aber was seitdem aus dem Status der Nationalitäten geworden ist, ist etwas, das ich nicht verstehen kann. Ich hoffe, alle werden versuchen, es zu verstehen.
Obwohl die Minoritäts-Nationalitäten nur 6 Prozent der Bevölkerung Chinas ausmachen, gehört ihnen 64 Prozent des Territoriums Chinas. Daher ist es im Interesse Chinas, Frieden und Stabilität in diesen Regionen sicherzustellen ...
Während meines Besuchs in Kham im letzten Jahr bemerkte ich starke Zerstörung als Folge der im großen Ausmaß und wahllos durchgeführten Abholzung. Ich sah dadurch verursachte Erdrutsche. Industrien, die gute Einkommen sichern könnten, werden in den Minoritäts-Gebieten stillgelegt.

Die Regierung hat vier Modernisierungspläne angekündigt. Ich bin kein Experte der Wissenschaft, aber ich glaube an das buddhistische Prinzip der Barmherzigkeit und des Mitleids. Es ist wichtig, daß wir von den entwickelten Länden lernen. Aber was wir von ihnen lernen müssen, ist technologisches ‚Know-how' und eine wissenschaftliche Art des Managements. Wer den höchsten Lebensstandard hat, der hat das beste System ...
1959 gab es Aufstände in Tibet. Streitkräfte wurden entsandt, um den Protest niederzuschlagen, eine richtige Entscheidung. Es wurden jedoch auch viele unschuldige Menschen verfolgt. Es wurden viele Fehler gemacht, in der Art des scharfen Durchgreifens. Die Autoritäten unterschieden nicht zwischen denen, die schuldig, und denen, die unschuldig an den Unruhen waren. Die Menschen wurden wahllos verhaftet und eingesperrt. Es gab keine Verhöre. Tibeter, derer man habhaft werden konnte, wurden ins Gefängnis geschleppt und geschlagen. Derartige Dinge geschehen noch häufig in Tibet. Dies ist sehr traurig, und es gibt noch weit verbreiteten Groll unter der Bevölkerung. Wir sollten dies als eine ernsthafte Angelegenheit ansehen. Wir sollten diese Praktiken prüfen und untersuchen und die Schuldigen zur Rechenschaft ziehen. Auf diese Weise könnten wir den Groll der Bevölkerung besänftigen. Sind diese Dinge nicht der Grund, warum wir hier zu Diskussionen zusammengekommen sind?
... In der Vergangenheit bin ich bestraft worden, weil ich eine 70 000-Schriftzeichen-Petition eingereicht habe. Ich hatte die oben genannten Tatsachen deutlich in der Petition erwähnt. In der Tat schilderte ich genauso wie Ngabo Ngawang Jigme (Vizepräsident des Volkskongresses der Volksrepublik China und Vorsitzender des Volkskongresses der Tibetischen Autono-

men Region), wie wichtige Beamte der früheren lokalen Regierung Tibets vorgingen. Sie verfügten über eine gut etablierte Struktur und ein Rechtssystem. Die Aristokraten, die Mitglieder der Regierung waren, wurden verbannt und mußten eine weiße Chuba (tibetisches Kleid) tragen und auf einem roten Ochsen reiten, wenn sie versäumten, die Weisungen der Regierung auszuführen. Was würden Sie tun, wenn Ihnen dies widerfahren sollte? Eine Karriere ist für jedermann wichtig.
Im 17-Punkte-Abkommen war klar festgelegt, daß es keinen Machtwechsel in der lokalen tibetischen Regierung geben sollte, bis demokratische Reformen durchgesetzt seien. Das gleiche Versprechen wurde den Verantwortlichen des Tashilhumpo-Klosters (Sitz des Panchen Lamas in Shigatse/Zentraltibet) gegeben. Was sich jedoch später ereignete, könnte unter diesem Diktum zusammengefaßt werden: ‚Kritik am alten System aus der Perspektive einer neuen Ideologie.' Diese Praxis ist nicht sehr ethisch. Ein Wissenschaftler muß auf Grund dessen, was er als wissenschaftlich richtig ansieht, zu seinem Ergebnis kommen. Die tibetischen Aristokraten hatten der Regierung über Generationen hinweg gedient. Sie waren dem Dalai Lama tief ergeben und wandten sich an ihn als Zuflucht sowohl in diesem wie auch im nächsten Leben. Auch die Volksmassen empfinden tiefen Respekt und Verehrung. Dies ist eine unbestreitbare Tatsache. Später wurden jedoch die Aristokraten angeschuldigt, die Führer des Aufstandes zu sein, und sie wurden verfolgt. Ich glaube, es war absolut falsch, dies zu tun. Ich hatte diese Fakten klar in meiner Petition aufgezeichnet. Natürlich wurde ich deswegen kritisiert und bestraft. Aber die Wahrheit ist zeitlos. Sie bleibt immer unverändert. Ohne Zweifel gab es Fehler in meiner Petition, aber es war niemals falsch, daß ich meinen Mund geöffnet habe. Die Fehler im In-

halt meiner Petition waren Fehler, sowohl aus heutiger Sicht als auch in der Vergangenheit. Aber es sollte klar ausgesprochen werden, wo ich geirrt habe und wo ich recht hatte ...

Rebellionen niederzuschlagen und Reformen einzuführen war im Prinzip richtig. Aber es gab eine starke linksgerichtete Tendenz in der Umsetzung. Solche Dinge sollten nicht erneut geschehen, und sie müssen korrigiert werden. Während der letzten drei Dekaden kommunistischer Herrschaft sind viele gute Dinge getan worden und auch viele schlechte Dinge. Diese wurden beim 6. Treffen des 11. Nationalkongresses der KPCh erörtert und international veröffentlicht. Es wird das Bild der Partei nicht schädigen, wenn wir unsere Fehler eingestehen; es wird viel eher helfen, dieses zu verbessern. Einige Kameraden sagten mir, als sie über die früheren Kameraden im Tibetischen Militärischen Kommandozentrum und dem Chengdu Militärischen Kommandozentrum sprachen, daß sie nicht hätten tun sollen, was sie taten. Dies war eine gesunde Haltung. Wir sagten häufig, daß mit eurer (der Chinesen) Schweiß große Errungenschaften in der Befreiung und Reformierung Tibets erreicht worden seien und daß das Volk Tibets dies nie vergessen wird. Dies ist eine ehrenhafte Äußerung. Ihr habt jedoch eine Menge Fehler gemacht – auch in Tibet. Auch diese Fehler werden wir nie vergessen. Was ich sage, dient dem Ziel, diese Fehler zu korrigieren. Wenn wir dies tun können, werden wir Fortschritte erreichen. Ich sage dies mit der allerbesten Absicht.

Ich werde Ihnen jetzt eine mehr persönliche Geschichte erzählen. Die weltliche Regierung Tibets (Kashag) stand an der Spitze des Aufstandes. Wir von den Labrangs (Klösterliche Einrichtungen) waren nicht Teil irgendeiner Agitation. Zu Beginn wurden uns großartige

Dinge über friedliche Reformen und die Politik brüderlicher Beziehungen erzählt. Als jedoch die Reformen verwirklicht wurden, mußten die Menschen, die zu unserer Einrichtung gehörten, unsägliche Leiden erdulden. Dies erfüllte die Menschen mit Abscheu und Zweifel. Die meisten Mitglieder der lokalen tibetischen Regierung flüchteten aus Tibet. Eine Handvoll, die blieb, wurde gepriesen und auf Regierungsposten gesetzt, als leuchtendes Beispiel für progressives Verhalten. Unser Volk, das in Solidarität mit China in Tibet geblieben ist, wurde unvorstellbaren Leiden unterworfen. Da ich zu dieser Zeit in Peking war, litt ich nicht sehr. Aber alle Mitglieder meiner Familie mußten sich öffentlichen ‚Kampf-Sitzungen' unterwerfen. (Diese Kampf-Sitzungen wurden auf tibetisch Thamzing genannt. Sie waren allabendlich nach Beendigung der Arbeit stattfindende und bis Mitternacht dauernde Versammlungen der Kritik. Das System dieser Veranstaltungen bestand darin, daß die Teilnehmer gezwungen waren, andere Teilnehmer zu kritisieren und zu schlagen. Wenn sie sich weigerten, wurden sie selbst geschlagen. Die Verpflichtung ging so weit, daß Kinder sogar ihren Müttern und Vätern ins Gesicht spucken und sie mit aller Kraft schlagen und treten mußten, Anmerkung des Verf.)
Es gab da eine Frau, Ehegattin eines meiner Mitarbeiter, die auch verhaftet wurde. Eines Tages, als sie in den Verhörraum gerufen wurde, stammelte sie: ‚Dieser Mann, der Panchen heißt, hat mir so viel Leid verursacht, daß ich an Depression sterben werde.' Diese Äußerung ließ die Behörden annehmen, daß sie etwas Belastendes gegen mich sagen würde. Dies war eine lang erwartete Chance der Behörden, Strafmaßnahmen gegen mich zu ergreifen. Sie riefen sofort die Protokollanten, um ihr Zeugnis aufzunehmen. Dann fuhr sie fort: ‚Wir begingen einen großen Fehler, indem wir diesem

Mann, Panchen, gefolgt sind, statt am Kampf gegen die Chinesen teilzunehmen. Wenn er uns im Aufstand gegen die Chinesen geführt hätte, wären heute die Bedingungen für uns sehr viel besser. Denn wir hätten zu Beginn so viele Chinesen wie möglich getötet und wären dann nach Indien geflüchtet, was leicht gewesen wäre, da unser Dorf nahe der indischen Grenze liegt. Aber dieser Mann hat uns gesagt, wir sollten fortschrittlich und patriotisch sein. Und dies ist, was wir dafür bekommen, daß wir seinem Rat gefolgt sind. Jetzt ist es für uns nicht möglich, nach Indien zu fliehen. Unsere Menschen, Männer wie Frauen, werden hier verfolgt. Wir erleiden die Hölle auf Erden.‘

... Wenn ein Film über die Greueltaten, die in der Provinz Qinghai verübt worden sind, gedreht werden sollte, würde er die Zuschauer schockieren. In der Gegend von Golok wurden viele Menschen getötet, und die Leichen wurden den Hügel hinuntergeworfen in einen großen Graben. Die Soldaten erzählten den Familienmitgliedern und Verwandten der Toten, daß sie alle feiern sollten, da die Aufständischen vernichtet worden seien. Sie wurden sogar gezwungen, auf den Leichen zu tanzen. Kurz danach wurden auch sie mit Maschinengewehrsalven niedergemetzelt. Sie sind alle dort begraben.

In Wirklichkeit gab es nicht in allen diesen Gegenden Rebellionen. In Kham gab es natürlich Aufstände an vielen Orten. In Jharoong Parpo und in Mili, beide Orte in Amdo gelegen, sammelten die Nomaden ihre eigenen Gewehre ein und übergaben sie den chinesischen Behörden. Sie wurden während einer besonderen Veranstaltung gelobt und mit Blumengewinden geschmückt. Nach der Veranstaltung wurden sie in ihre Dörfer zurückgetrieben und sofort verhaftet und für lange Zeit eingesperrt. Es gab viele alte Menschen unter ihnen. In den Provinzen Amdo und Kham erlitten die Menschen unaussprechliche Greueltaten. Die Bevölkerung wurde in Gruppen von 10 oder 20 Personen erschossen. Ich weiß, daß es nicht gut ist, über diese Dinge zu sprechen. Aber diese Taten haben tiefe Wunden in den Herzen der Menschen hinterlassen ... Die Schuldigen müssen natürlich bestraft werden. Aber was für einen Sinn hat es, ein böses Vermächtnis zu hinterlassen ...

In Qinghai z. B. gibt es zwischen 3000 und 4000 Dörfer und Städte, von denen jedes bzw. jede etwa 3000 bis 4000 Familien, also 4000 bis 5000 Menschen hat. Von jeder Stadt und jedem Dorf wurden 800 bis 1000 Menschen ins Gefängnis geworfen. Von dieser Anzahl starben zumindest 300 bis 400 Menschen im Gefängnis. Dies bedeutet, daß etwa die Hälfte der Gefängnisinsassen umkam. Letztes Jahr fanden wir heraus, daß nur eine Handvoll von diesen Menschen am Aufstand teilgenommen hatten. Die meisten dieser Menschen waren absolut unschuldig. In meiner 70 000-Schriftzeichen-Petition erwähnte ich, daß ungefähr 5 Prozent der Bevölkerung eingesperrt wurden. Nach meiner Information zum damaligen Zeitpunkt waren es zwischen 10 Prozent und 15 Prozent. Aber ich hatte nicht den Mut, eine so hohe Zahl zu erwähnen. Ich wäre als Folge einer Öffentlichen Kampf-Sitzung (Thamzing) gestorben, wenn ich die wahre Zahl genannt hätte. Dies sind ernste Angelegenheiten, soweit Tibet betroffen ist. Wenn wir hinsichtlich dieser Fehler nur ein Lippenbekenntnis ablegen und sie nicht richtigstellen, wird es keine ernsthaften Folgen geben. Die Leute mögen nicht gern haben, was ich sage. Aber ich sage es auf Grund meiner Liebe für das Mutterland (China) ...

1964, als ich nach Bejing gerufen wurde, sagten mir einige Führer: ‚Sie wenden sich gegen das Mutterland.

Versuchen Sie, eine sezessionistische Rebellion zu beginnen? Selbst wenn die gesamte tibetische Bevölkerung bewaffnet wäre, werden dies nur drei Millionen Menschen sein. Wir haben davor keine Angst.‘ Als ich dies hörte, wurde ich sehr traurig und erkannte, wie es ist, ohne Freiheit zu sein . . .“

Anhang 2

Tibetgruppen in Deutschland

Tibet-Initiative Deutschland e. V. mit Gruppen in elf Städten: Berlin, Erlangen, Frankfurt a. M., Freising, Hannover, Heidelberg-Wieblingen, München, Regensburg, Kusel, Witten, Ulm, Postfach 25 31, 5300 Bonn

Deutsche Tibethilfe e. V., Geschäftsstelle München, Frau Irmtraudt Wäger, Mauthäuslstraße 9, 8000 München 70

Deutsch-Tibetische Kulturgesellschaft e. V., Herrn Tsewang Norbu, Fritz-Pullig-Straße 28, 5250 Sankt Augustin

Verein der Tibeter in Deutschland e. V., Postfach 25 31, 5300 Bonn

Tibet Information Service, Herrn Michael Alexander, Florastraße 22, 4018 Langenfeld

Arbeitsgruppe Tibet, Amnesty International, Postfach 62 01 25, 1000 Berlin 62

Deutsche Buddhistische Union, Geschäftsstelle, Postfach 60, 8165 Fischbachau

Tibetisches Zentrum e. V., Hermann-Balk-Straße 106, 2000 Hamburg 73

Chödzong – Buddhistisches Zentrum e. V., Hauptstraße 5, 8531 Lengenfeld

Buddhistischer Kalmücken-Tempel, Rubinstraße 14, 8000 München 50

Aryatara Institut e. V., Buddhistisches Haus, Jägerndorf 11/2, 8382 Arnstorf

Verein zur Förderung der Kultur und Weisheit Tibets e. V., Herrn Dr. Franz Gschwind, Gernotstraße 8, 8000 München 40

Nyingma – Gemeinschaft Münster e. V., z. H. von Herrn Huchartz, Hittorfstraße 53, 4400 Münster

RIGPA – Verein für tibetischen Buddhismus, Herrn Werner Nowotny, Metzgerstr. 4, 8000 München 80

Kamalashila Institut für Buddhistische Studien, Karma Kagyü Verein, Schloß Wachendorf, 5353 Mechernich

Drikung Ngädän Chöling, Kagyüpa-Zentrum für tibetischen Mahayana Buddhismus, Auf'm Rain 13, 5789 Medelon 21

Vajradhatu Europa, Herrn Hans Steven Baker, Zwetschenweg 23, 3550 Marburg

Arya Maitreya Mandala, Geschäftsstelle, Postfach 60, 8165 Fischbachau

Anhang 3

Ausgewählte Bibliographie

DEUTSCH

Lama Anagarika Govinda, Der Weg der Weißen Wolken, Zürich 1969

Catriona Bass, Der Ruf des Muschelhorns, Begegnung mit Tibet, Reinbek bei Hamburg 1992

Dalai Lama, Das Auge der Weisheit, Grundzüge der buddhistischen Lehre für den westlichen Leser, Bern 1975

Alexandra David-Neel, Der Weg zur Erleuchtung. Geheimlehren und Zeremonien in Tibet, Stuttgart 1960

Alexandra David-Neel, Liebeszauber und Schwarze Magie, Basel 1983

Wolfgang von Erffa, Asiens anderes Gesicht, München 1988

Francis Fukuyama, Das Ende der Geschichte, München 1992

Heinrich Harrer, Sieben Jahre in Tibet, Frankfurt/Main 1952

Heinrich Harrer, Wiedersehn mit Tibet, Innsbruck 1983

Sven Hedin, Durch Asiens Wüsten, Drei Jahre auf neuen Wegen in Pamir, Lop-nor, Tibet und China, fünfte Auflage, Leipzig 1915

Petra K. Kelly, Gert Bastian (Hrsg.), Tibet – ein vergewaltigtes Land, Reinbek bei Hamburg 1988

Petra K. Kelly, Gert Bastian (Hrsg.), Tibet klagt an, Zur Lage in einem besetzten Land, Wuppertal 1990

Herbert Kremp, Wir brauchen unsere Geschichte, Berlin 1988

E. Schlagintweit, Buddhism in Tibet. Illustrated by Literary Documents and Objects of Religious Worship, 1863. Zweite Ausgabe, London 1968

E. Schlagintweit, Die Könige von Tibet von der Entstehung königlicher Macht in Yarlung bis zum Erlöschen in Ladak, München 1866

E. Schlagintweit, Die Lebensbeschreibung von Padma Sambhava, dem Begründer des Lamaismus 747 n. Chr. Teil I: Die Vorgeschichte, München 1899; Teil II: Wirken und Erlebnisse in Indien. In: Abh. der Königl. bayer. Akademie der Wissenschaften, XXII, S. 519–576

Peter Scholl-Latour, Der Wahn vom himmlischen Frieden, Chinas langes Erwachen, Berlin 1990

Albert Schweitzer, Die Weltanschauung der indischen Denker, Nachdruck 1987 der dritten, auf Grund der englischen Ausgabe von 1935 neugefaßten Ausgabe, München 1965

Herbert Tichy, Auf der Suche nach Weisheit, Wien 1984

Helmut Uhlig, Tibet, Ein verbotenes Land öffnet seine Tore, Bergisch Gladbach 1986

Helmut Uhlig, Himalaya, Menschen und Kulturen in der Heimat des Schnees, Bergisch Gladbach 1987

Bruno Zoratto, Inferno Tibet, Gespräch mit dem Friedensnobelpreisträger 1989, Böblingen 1990

ENGLISCH

Charles Allen, A Mountain in Tibet, London 1982
George Allen, The Way of Power, a Practical Guide to the Tantric Mysticism of Tibet, London 1970
John F. Avedon, In Exile from the Land of Snows, London 1979
Sir Charles Bell, Portrait of the Dalai Lama, London 1946
Dalai Lama, The Union of Bliss and Emptiness, New York 1988
Dalai Lama, Freedom in Exile, The Autobiography of His Holiness The Dalai Lama of Tibet, London 1990
Alexandra David-Neel, My Journey to Lhasa, First Edition in 1927, reprinted London 1983
Office of Information & International Relations, The Legal Status of Tibet, Dharamsala 1989
Ram Rahul, The Government and Politics of Tibet, Delhi 1969
Ram Rahul, Politics of Central Asia, Delhi 1974
Amaury de Riencourt, Lost World Tibet, updated edition, England 1987
Tsepon W. D. Shakabpa, A Political History, First Printing Yale, USA, 1967, fourth Printing Singapore 1988
Tibetan Young Buddhist Association, Tibet the Facts, Second revised Edition, Dharamsala 1990
Giuseppe Tucci, To Lhasa and Beyond, Rom 1956
Michael C. van Walt van Praag, The Status of Tibet. History, Rights, and Prospects in International Law, Boulder 1987

ENGLISCHSPRACHIGE ZEITSCHRIFTEN

The Tibet Journal, hrsg. von Library of Tibetan Works and Archives, Dharamsala
Tibetan Bulletin, hrsg. von Information Office, Central Tibetan Secretariat, Dharamsala

FRANZÖSISCH

Tibet, Des Journalistes Temoignent, La Maison du Tibet, Paris 1992

Personenregister

TEXTE + THESEN

AUSWAHL LIEFERBARER TITEL

Politik/Zeitgeschehen

Arnim, Hans Herbert von
Macht macht erfinderisch
Der Diätenfall: ein politisches Lehrstück
ISBN 3-7201-5**214**-6 14,-

Büscher, R./Homann, J.
Japan und Deutschland
Die späten Sieger?
ISBN 3-7201-5**229**-4 14,-

Gysling, Erich
Arabiens Uhren gehen anders
Eigendynamik und Weltpolitik in Nahost
ISBN 3-7201-5**149**-2 14,-

Heck, Bruno
Vaterland Bundesrepublik?
ISBN 3-7201-5**174**-3 14,-

Hellmer, Joachim
Anpassung oder Widerstand?
Der Bürger als Souverän —
Grenzen staatlicher Disziplinierung
ISBN 3-7201-5**201**-4 14,-

Klages, Helmut
Häutungen der Demokratie
ISBN 3-7201-5**246**-4 14,-

Kromka, F./Kreul, W.
Unternehmen Entwicklungshilfe
Samariterdienst oder die Verwaltung
des Elends?
ISBN 3-7201-5**235**-9 14,-

Kühnhardt, L./Pöttering, H.-G.
Europas vereinigte Staaten
Annäherungen an Werte und Ziele
ISBN 3-7201-5**237**-5 14,-

Langguth, Gerd
Der grüne Faktor
Von der Bewegung zur Partei?
ISBN 3-7201-5**169**-7 14,-

Laufer, Heinz
Bürokratisierte Demokratie
ISBN 3-7201-5**157**-3 14,-

Lendvai, Paul
Das einsame Albanien
Reportage aus dem Land der Skipetaren
ISBN 3-7201-5**177**-8 14,-

Lendvai, Paul
Das eigenwillige Ungarn
Von Kádár zu Grósz
ISBN 3-7201-5**195**-6 14,-

Lübbe, Hermann
Freiheit statt Emanzipationszwang
Die liberalen Traditionen
und das Ende der
marxistischen Illusionen
ISBN 3-7201-5**233**-2 14,-

Meissner, Boris
Sowjetische Kurskorrekturen
Breshnew und seine Erben
ISBN 3-7201-5**168**-9 14,-

Mensing, Wilhelm
Nehmen oder Annehmen
Die verbotene KPD auf der Suche
nach politischer Teilhabe (Bd. 1)
ISBN 3-7201-5**220**-0 14,-

Mensing, Wilhelm
Wir wollen unsere Kommunisten wieder haben . . .
Demokratische Starthilfen für
die Gründung der DKP (Bd. 2)
ISBN 3-7201-5**221**-9 14,-

Müller, Christian
Europa von der Befreiung zur Freiheit
Der Epochenwechsel aus Schweizer Sicht
ISBN 3-7201-5**248**-0 14,-

Nenning, Günther
Die Nation kommt wieder
Würde, Schrecken und Geltung eines europäischen Begriffs
ISBN 3-7201-5**231**-6 14,-

Oberreuter, Heinrich
Parteien — zwischen Nestwärme und Funktionskälte
ISBN 3-7201-5**165**-4 14,-

Oberreuter, Heinrich
Stimmungsdemokratie
Strömungen im politischen Bewußtsein
ISBN 3-7201-5**205**-7 14,-

Rother, Werner
Die Seele und der Staat
ISBN 3-7201-5**218**-9 14,-

Rühle, Hans
Angriff auf die Volksseele
Über Pazifismus zum Weltfrieden?
ISBN 3-7201-5**175**-1 14,-

Schlosser, Günter
Briefe vom Kap
Ein Deutscher über seine Wahlheimat Südafrika
ISBN 3-7201-5**193**-X 14,-

Schroeder, Peter W.
Europa ohne Amerika?
ISBN 3-7201-5**230**-8 14,-

Ströbinger, Rudolf
Poker um Prag
Die frühen Folgen von Jalta
ISBN 3-7201-5**181**-6 14,-

Weidenfeld, Werner
Ratlose Normalität
Die Deutschen auf der Suche nach sich selbst
ISBN 3-7201-5**172**-7 14,-

Zimmermann, Ekkart
Massen-Mobilisierung
Protest als politische Gewalt
ISBN 3-7201-5**163**-8 14,-

Wirtschaft/Soziales

Büscher, R./Homann, J.
Wandert die deutsche Wirtschaft aus?
Standortfrage Bundesrepublik Deutschland
ISBN 3-7201-5**215**-4 14,-

Büscher, R./Homann, J.
Supermarkt Europa
ISBN 3-7201-5**225**-1 14,-

Hölder, Egon
Durchblick ohne Einblick
Die amtliche Statistik zwischen Datennot und Datenschutz
ISBN 3-7201-5**179**-4 14,-

Kane-Berman, John
Südafrikas verschwiegener Wandel
ISBN 3-7201-5**240**-5 22,-

Klauder, Wolfgang
Ohne Fleiß kein Preis
Die Arbeitswelt der Zukunft
ISBN 3-7201-5**227**-8 14,-

Rüthers, Bernd
Die offene ArbeitsGesellschaft
Regeln für soziale Beweglichkeit
ISBN 3-7201-5**186**-7 14,-

Rüthers, Bernd
Grauzone Arbeitsrechtspolitik
ISBN 3-7201-5**190**-5 14,-

Theobald, Adolf
Das Ökosozialprodukt
Lebensqualität als Volkseinkommen
ISBN 3-7201-5**185**-9 14,-

Wingen, Max
Kinder in der Industriegesellschaft — wozu?
Analysen — Perspektiven — Kurskorrekturen
ISBN 3-7201-5**146**-8 14,-

Gesellschaft/Modernes Leben

Baier, Horst
Ehrlichkeit im Sozialstaat
Gesundheit zwischen Medizin und Manipulation
ISBN 3-7201-5**207**-3 14,-

Brinkhoff, K.-P./Ferchhoff, W.
Jugend und Sport
Eine offene Zweierbeziehung
ISBN 3-7201-5**226**-X 14,-

Burens, Peter-Claus
Stifter als Anstifter
Vom Nutzen privater Initiativen
ISBN 3-7201-5**200**-6 14,-

Erffa, Wolfgang von
Das unbeugsame Tibet
Tradition · Religion · Politik
ISBN 3-7201-5**245**-6 14,-

Grupe, Ommo
Sport als Kultur
ISBN 3-7201-5**198**-0 14,-

Haag, Herbert
Bewegungskultur und Freizeit
Vom Grundbedürfnis nach Sport und Spiel
ISBN 3-7201-5**188**-3 14,-

Hofstätter, Peter R.
Bedingungen der Zufriedenheit
ISBN 3-7201-5**192**-1 14,-

Kepplinger, Hans Mathias
Ereignismanagement
Wirklichkeit und Massenmedien
ISBN 3-7201-5**247**-2 22,-

Klages, Helmut
Wertedynamik
Über die Wandelbarkeit des Selbstverständlichen
ISBN 3-7201-5**212**-X 14,-

Klose, Werner
Stafetten-Wechsel
Fünf Generationen formen unsere Welt
ISBN 3-7201-5**160**-3 14,-

Lenk, Hans
Eigenleistung
Plädoyer für eine positive Leistungskultur
ISBN 3-7201-5**164**-6 14,-

Lenk, Hans
Die achte Kunst
Leistungssport — Breitensport
ISBN 3-7201-5**176**-X 14,-

Lenk, H./Pilz, G.
Das Prinzip Fairneß
ISBN 3-7201-5**222**-7 14,-

Lindner, Roland, Hrsg.
Verspielen wir die Zukunft?
Gespräche über Technik und Glück
ISBN 3-7201-5**150**-6 14,-

Lübbe, Hermann
Zwischen Trend und Tradition
Überfordert uns die Gegenwart?
ISBN 3-7201-5**136**-0 14,-

Mast, Claudia
Zwischen Knopf und Kabel
Kommunikationstechnik für Wirtschaft und Feierabend
ISBN 3-7201-5**161**-1 14,-

Meves, Christa
Werden wir ein Volk von Neurotikern?
Antrieb — Charakter — Erziehung
ISBN 3-7201-5**081**-X 14,-

Noelle-Neumann, Elisabeth
Eine demoskopische Deutschstunde
ISBN 3-7201-5**155**-7 14,-

Noelle-Neumann, Elisabeth
Demoskopische Geschichtsstunde
Vom Wartesaal der Geschichte zur Deutschen Einheit
ISBN 3-7201-5**242**-1 22,-

Noelle-Neumann, Elisabeth/
Maier-Leibnitz, Heinz
Zweifel am Verstand
Das Irrationale als die neue Moral
ISBN 3-7201-5**202**-2 14,-

Oberreuter, Heinrich
Übermacht der Medien
Erstickt die demokratische Kommunikation?
ISBN 3-7201-5**144**-1 14,-

Piel, Edgar
Im Geflecht der kleinen Netze
Vom deutschen Rückzug ins Private
ISBN 3-7201-5**197**-2 14,-

Rüthers, Bernd
Wir denken die Rechtsbegriffe um ...
Weltanschauung als Auslegungsprinzip
ISBN 3-7201-5**199**-9 14,-

Scheuch, Ute und Erwin K.
China und Indien
Eine soziologische Landvermessung
ISBN 3-7201-5**196**-4 14,-

Siemes, Wolfgang
Zeit im Kommen
Methoden und Risiken der magischen und rationalen Zukunftsschau
ISBN 3-7201-5**228**-6 14,-

Silbermann, Alphons
Der ungeliebte Jude
Zur Soziologie des Antisemitismus
ISBN 3-7201-5**134**-4 12,-

Silbermann, Alphons
Was ist jüdischer Geist?
Zur Identität der Juden
ISBN 3-7201-5**167**-0 14,-

TEXTE + THESEN + VISIONEN
Experten im Dialog mit der Gegenwart
ISBN 3-7201-5**250**-2 22,-

Wingen, Max
Nichteheliche Lebensgemeinschaften
Formen — Motive — Folgen
ISBN 3-7201-5**171**-9 14,-

Wulffen, Barbara von
Zwischen Glück und Getto
Familie im Widerspruch zum Zeitgeist?
ISBN 3-7201-5**128**-X 14,-

Kultur/Wissen

Beinke, Lothar
Was macht die Schule falsch?
Positionen — Pädagogen — Bildungsziele
ISBN 3-7201-5**236**-7 14,-

Claus, Jürgen
Das elektronische Bauhaus
Gestaltung mit Umwelt
ISBN 3-7201-5**204**-9 14,-

Hammer, Felix
Antike Lebensregeln — neu bedacht
ISBN 3-7201-5**224**-3 14,-

Huter, Alois
Zur Ausbreitung von Vergnügung und Belehrung ...
Fernsehen als Kulturwirklichkeit
ISBN 3-7201-5**211**-1 14,-

Mensing, Wilhelm
Maulwürfe im Kulturbeet
DKP-Einfluß in Presse, Literatur und Kunst
ISBN 3-7201-5**156**-5 14,-

Piel, Edgar
Wenn Dichter lügen ...
Literatur als Menschenforschung
ISBN 3-7201-5**208**-1 14,-

Reuhl, Günter
Kulturgemeinschaften
Vom Kräfteverhältnis zwischen Ideen und Institutionen
ISBN 3-7201-5**217**-0 14,-

Reumann, Kurt
Lesefreuden und Lebenswelten
ISBN 3-7201-5**244**-8 14,-

Roegele, Otto B.
Neugier als Laster und Tugend
ISBN 3-7201-5**142**-5 14,-

Rüegg, Walter, Hrsg.
Konkurrenz der Kopfarbeiter
Universitäten können besser sein: Ein internationaler Vergleich
ISBN 3-7201-5**182**-4 14,-

Schult, Gerhard
Medienmanager oder Meinungsmacher?
Vom Verwalten zum Stimulieren
Das Beispiel: öffentlich-rechtlicher Rundfunk
ISBN 3-7201-5**209**-X 14,-

Seel, Wolfgang
Bildungs-Egoismus
Alle wollen mehr
ISBN 3-7201-5**180**-8 14,-

Zec, Peter
Informationsdesign
Die organisierte Kommunikation
ISBN 3-7201-5**210**-3 14,-

Natur/Umwelt

Eberlein, Gerald L.
Maximierung der Erkenntnisse ohne sozialen Sinn?
Für eine wertbewußte Wissenschaft
ISBN 3-7201-5**206**-5 14,-

Hammer, Felix
Selbstzensur für Forscher?
Schwerpunkte einer Wissenschaftsethik
ISBN 3-7201-5**162**-X 14,-

Illies, Joachim
Theologie der Sexualität
Die zweifache Herkunft der Liebe
ISBN 3-7201-5**135**-2 14,-

Kienle, Paul, Hrsg.
Wie kommt man auf einfaches Neues?
Der Forscher, Lehrer, Wissenschaftspolitiker und Hobbykoch Heinz Maier-Leibnitz
ISBN 3-7201-5**232**-4 22,-

Kienle, Paul
Forschung im Focus
Experimentalphysik zwischen Abenteuer und Anwendung
ISBN 3-7201-5**249**-9 14,-

Lindner, Roland, Hrsg.
Einfallsreiche Vernunft
Kreativ durch Wissen oder Gefühl?
ISBN 3-7201-5**223**-5 14,-

Lindner, Roland
Technik zweite Natur des Menschen?
ISBN 3-7201-5**234**-0 14,-

Maier-Leibnitz, Heinz
Der geteilte Plato
Ein Atomphysiker zum Streit um den Fortschritt
ISBN 3-7201-5**138**-7 14,-

Maier-Leibnitz, Heinz
Lernschock Tschernobyl
ISBN 3-7201-5**191**-3 14,-

Malunat, Bernd M.
Weltnatur und Staatenwelt
Gefahren unter dem Gesetz der Ökonomie
ISBN 3-7201-5**213**-8 14,-

Markl, Hubert
Die Fortschrittsdroge
ISBN 3-7201-5**243**-X 14,-

Rühl, Walter
Energiefaktor Erdöl
In 250 Millionen Jahren entstanden — nach 250 Jahren verbraucht?
ISBN 3-7201-5**216**-2 14,-

Schmied, Gerhard
Religion — eine List der Gene?
Soziobiologie contra Schöpfung
ISBN 3-7201-5**219**-7 14,-

Wulffen, Barbara von
Lichtwende
Vorsorglicher Nachruf auf die Natur
ISBN 3-7201-5**178**-6 14,-

Die Reihe wird fortgesetzt. Fordern Sie Informationsmaterial an.

Verlag A. Fromm, Postfach 19 48, D—4500 Osnabrück
Edition Interfrom, Postfach 50 05, CH—8022 Zürich